Esteja em Paz e Sem Medo

Meditações com o Reino Angélico

Texto: Sônia Café
Ilustrações: Neide Innecco

Editora Pensamento
São Paulo

Copyright do texto © 2003 Sônia Café.

Copyright das ilustrações © 2003 Neide Innecco.

Todos os direitos reservados. Nenhuma parte deste livro pode ser reproduzida ou usada de qualquer forma ou por qualquer meio, eletrônico ou mecânico, inclusive fotocópias, gravações ou sistema de armazenamento em banco de dados, sem permissão por escrito, exceto nos casos de trechos curtos citados em resenhas críticas ou artigos de revistas.

O primeiro número à esquerda indica a edição, ou reedição, desta obra. A primeira dezena à direita indica o ano em que esta edição, ou reedição, foi publicada.

Edição	Ano
1-2-3-4-5-6-7-8-9-10-11	04-05-06-07-08-09-10-11

Direitos reservados
EDITORA PENSAMENTO-CULTRIX LTDA.
Rua Dr. Mário Vicente, 368 — 04270-000 — São Paulo, SP
Fone: 6166-9000 — Fax: 6166-9008
E-mail: pensamento@cultrix.com.br
http://www.pensamento-cultrix.com.br

Impresso em nossas oficinas gráficas.

Dedicatória

Dedico este livro à memória de meus pais, Samuel e Maria, pela dádiva de terem me dado à Luz deste mundo. Através deles e do seu Amor, fui abençoada com a minha forma humana e assim foi permitido que o meu Espírito encarnasse. Por causa deles, Deus pôde operar em mim as maravilhas prometidas a todos os seus filhos e filhas. Minha gratidão é eterna.

Ao Reino Angélico e a toda a inteligência celestial de incontáveis seres, sempre dispostos a fazer uma parceria amorosa, cooperativa e consciente com o Reino Humano, e por deixar claro que o tempo de retomar as nossas conexões é agora.

A São Miguel Arcanjo pela energia amorosa e inspiradora, uma presença protetora em minha vida.

As ilustrações deste livro

É sempre uma alegria e um privilégio contar com a parceria de uma grande artista como Neide Innecco. Seu trabalho cuidadoso e belo, assim como cheio do vigor da Alma, é parte indispensável deste livro. Estou certa de que o leitor se deixará encantar pelas sutilezas e mensagens que Neide nos oferece com cada traço e nas vibrações amorosas e coloridas dos Anjos que ela cria.

Introdução

As mensagens deste livro me chegaram à consciência durante um breve período de três meses, no primeiro ano deste milênio. Do final de setembro de 2001 — uma época em que, ciclicamente, sempre algo importante e esclarecedor para a minha caminhada espiritual tem me acontecido, relacionado com o dia 29 de setembro, dia de São Miguel Arcanjo — ao começo de 2002, os textos fluíram em algumas manhãs, até que cessaram.

Tenho recordações de diferentes épocas da minha vida, sempre nesse período de setembro/outubro, nas quais alguma experiência marcante me aconteceu. A primeira que posso relatar diz respeito ao meu próprio nascimento, no dia 5 de outubro. O parto se anunciou como algo que representava perigo para minha mãe e para mim, pois eu estava numa posição sentada; porém, apesar da aparente gravidade e da tensão no ambiente e no rosto da parteira, minha mãe me contou, quando eu já tinha idade para entender isso, que aquele fora o mais rápido dentre os cinco partos que ela teve. Hoje, tenho certeza de que São Miguel Arcanjo intercedeu por nós naquele momento. Nos dias atuais, creio que poucos se arriscariam a permitir que crianças nasçam de parto normal quando estão na posição em que eu me encontrava no útero materno.

Aos cinco anos de idade, vivi a minha primeira experiência "consciente" de contato com o Reino Angélico, quando inadvertidamente caí dentro de um tanque no quintal da casa em que vivia e me vi sendo tirada de dentro dele, sem que fizesse qualquer esforço para isso, por uma "presença" extremamente amorosa, porém firme em me fazer ver que eu tinha feito algo muito insensato. Era mais ou menos essa mesma época do ano, pois havia pouco que a minha família se mudara para aquela nova casa, em outro estado do Brasil.* Essa experiência me colocou, pessoal e intransferivelmente, diante de uma realidade que não podia nem precisava ser questionada pelo mundo exterior. Com o passar do tempo e com a maturidade, pude atribuir-lhe o seu verdadeiro significado.

Entretanto, fiquei mais consciente desse relacionamento quando, num momento em que uma grande virada se daria em minha vida, tive um sonho no qual me via diante de uma "Presença Ígnea" que me *queimava* e *transformava* tudo o que eu entendia como sendo o meu corpo e a minha identidade naquele momento. O sonho foi tão intenso e revolucionador que acordei me sentindo muito diferente e precisando pedir ajuda a alguém mais experiente. Fui ao encontro de um mentor espiritual com quem a vida me presenteara — Dom Timóteo Amoroso, no Mosteiro do Salvador —, e ele me acolheu em sua vibração amorosa e divertida, deixando tudo muito claro e leve. Era o dia 29 de setembro de 1980, e fui convidada, logo em seguida, a participar de uma liturgia que ele conduziria e que celebrava o Reino Angélico. Creio que, a partir dessa data, o meu relacionamento com os Anjos, e com São Miguel Arcanjo em especial, tomou uma nova direção, assim como tudo na minha vida.

Nas duas últimas décadas do século XX, o Reino Angélico voltou a inaugurar um novo ciclo de contatos, com mais intensidade, na parceria com o Reino Humano. Essa parceria que, ao longo dos séculos, tem sido sacramentada nos livros sagrados e que artistas e místicos vêm registrando em suas telas, esculturas e corações é tão antiga e verdadeira quanto a própria experiência do ser humano.

A idéia de que os Anjos são seres inatingíveis ou estão distantes do nosso cotidiano só se tornou um fato aceito e consumado quando o ser huma-

---

* Este relato aparece no livro *A Alegria de Descobrir Anjos da Guarda em Nossa Vida*, de Sara Marriott, publicado pela Editora Pensamento.

no decidiu mudar a sua maneira de perceber o mundo e condicionou a sua *sensibilidade*, para ver apenas o que revela a nossa visão física. No processo do nosso desenvolvimento atual, admitimos ver coisas muito pequenas através de um microscópio, ou muito distantes através de lentes telescópicas. Nós nos preocupamos ou em ver as bactérias e os micróbios do microcosmo, ou em observar as distantes galáxias do macrocosmo. Mas sempre pela via dos cinco sentidos físicos. Percebemos a *fôrma* das formas. E o espírito das formas? E o Espírito *na* forma? E o que estamos fazendo com a sensibilidade que nos leva a "perceber" com os sentidos espirituais da Alma a divindade presente em tudo?

Com o passar das eras, grande parte da humanidade foi se acostumando a viver num mundo que só considera como real o que podemos explicar a partir do nosso antropomorfismo penta-sensorial; ou apenas levar em conta o que está adequado aos requerimentos mecanicistas do racionalismo moderno. Os Anjos perderam o seu lugar numa partilha de dádivas e sincronias abençoadas que pouco beneficia a quem os deixa de fora da sua percepção consciente. Afinal quem somos nós para questionar a realidade dos Anjos?

As grandes religiões do mundo sempre levaram os Anjos a sério em seus registros históricos e em seus tratados teológicos. Estariam os cristãos e os judeus esquecidos de que Anjos estão sempre presentes por todo o texto dos livros sagrados que orientam os seus caminhos? Estariam os cristãos esquecidos do fato de que um Anjo anunciou o nascimento de Jesus e tantos outros se apresentaram durante o processo de sua encarnação, morte e ressurreição? E quanto ao Anjo que deu a Maomé a mensagem que iria transformar a vida e a cultura de um grande número de almas? Esses Anjos certamente realizaram tarefas de um valor espiritual extraordinário para essas pessoas e para as sociedades que se formaram a partir de seus exemplos.

Desde o início, a minha experiência pessoal com os Anjos (quando caí naquele tanque e fui retirada dele depois da minha insensatez infantil, ou quando reflito que a minha vida estava sendo protegida durante o meu nascimento, não só pelo amor da minha mãe, mas por "algo" que faz parte de uma Vida Maior e que, certamente, queria que ela e eu sobrevivêssemos) nunca esteve ameaçada nem pelo dogma, nem pela dúvida pessoal. Para mim, eles sempre serão seres de uma robustez energética, representantes de Deus na Terra, mensageiros que podem encarnar em nossa consciência, sempre que lhes damos permissão ou quando estamos abertos para as revelações que vão fazer a grande diferença em nossa vida — aqui e agora. Eles são mestres da sincronicidade, poderosos em fazer conexões, parteiros dos desafios que queremos aceitar como parte inevitável do nosso despertar espiritual. Um anjo pode ser muito forte ou muito suave, muito belo ou avassalador; a intervenção angélica pode ser óbvia e impactante ou passar inteiramente despercebida pelos sentidos de quem ainda não despertou para criar uma parceria consciente com eles. E, para fazer uma parceria consciente com os Anjos, é preciso desenvolver a sensibilidade espiritual de que somos todos dotados e resgatar o verdadeiro sentido da *imaginação*, uma faculdade que nos chega como um dos mais importantes dons da Alma. A imaginação, como um dom da Alma, aquela que o grande cientista Albert Einstein disse ser *"mais importante do que o conhecimento"*, é a ponte que une o Céu e a Terra, os seres humanos e os Anjos; ela vai além da visão dual que vê os Anjos apenas como criaturas doces, rechonchudas, bonitinhas e, até certo ponto, sentimentais.

O Reino Angélico está além da forma como a definimos e compreendemos e da nossa necessidade de criar símbolos. Se escolhermos apenas esses caminhos, perderemos o contato com os Anjos. Excluí-los da nossa vida é o mesmo que escolher ter uma visão truncada da verdadeira "Realidade". E como o mundo se empobreceria se descartássemos todas as realidades espirituais simplesmente porque os nossos olhos físicos não podem vê-las!

Na verdade, os Anjos estão sempre dispostos a trazer as mensagens para aqueles que se exercitam em abrir o coração e a mente; eles querem falar com cada um que, no silêncio da consciência, começa a despertar de um sono de muitas eras, para participar da co-criação de um mundo que responde, sem medo, às vibrações do Amor.

SÃO MIGUEL ARCANJO E A TRANSFORMAÇÃO DO MEDO EM AMOR

Já está dito que as vibrações do Amor dissolvem e transformam as freqüências dissonantes do medo. Para poder amar e expressar aquilo que somos de verdade, é preciso transmutar na mente e no coração as notas discordantes do medo.

O medo e os instintos estão intimamente ligados. Quando São Miguel Arcanjo foi retratado no passado como o "destruidor do dragão", a imaginação humana da época escolheu fazê-lo de um modo que as pessoas pudessem entender o que se passava no seu íntimo. O dragão, na verdade, representa a força dos elementos, presentes numa alquimia que se processa continuamente, quando relacionamos os diferentes instintos com os medos mais importantes que encontram expressão no ser humano: *o instinto de autopreservação e o medo da morte; o instinto sexual e o medo da solidão; o instinto gregário e o medo de não ter segurança ou o suficiente para viver; o instinto de auto-afirmação e o medo de não ser reconhecido e de não ter os seus direitos validados; o instinto de indagação (por quê?) e o medo do desconhecido e dos mistérios inexplicáveis da vida.* Milhares de vibrações do medo surgem de instintos que estão desligados da razão e ainda não foram transformados pela intuição amorosa da Alma. Essas vibrações instintivas não reconhecidas dão origem a todos os medos do mundo moderno.

Os instintos humanos se formaram e se desenvolveram antes do intelecto; o instinto diz: "Atenção! Corra, se proteja!", ou: "Atenda ao meu impulso: de procriar, de saciar a fome, de me sentir seguro". Entretanto, responder a isso quando se é um ser humano que ainda habita em cavernas é uma coisa;

responder aos mesmos impulsos num planeta "digital e cibernético" é outra coisa. Nossos instintos são impulsos vitais, extremamente necessários para um viver pleno e saudável. Afinal, somos "seres humanos" dotados de instinto, emoção, intelecto e intuição. Nossa "essência divina" encarna e se expressa através dessa complexidade de dimensões de consciência.

O dragão que São Miguel Arcanjo nos apresenta é uma representação simbólica dos instintos humanos em estado bruto; ele é, também, formado pelas projeções negativas que temos dificuldade de aceitar como parte de nós mesmos. Somente pelo processo da morte é que esses instintos podem ser examinados pela razão e então passar para um novo estado de compreensão na consciência humana, podendo se *transformar* em impulsos que nos ligam à verdadeira *intuição*. Nós, seres humanos, muitas vezes erramos movidos por impulsos instintivos impensados e vemos o nosso ego "morrer de vergonha", "morrer de culpa", "morrer de raiva", "morrer de remorso", morrer, enfim, de tantas mortes que resultam de impulsos sem amor e sem qualquer ponderação inteligente. O ser humano instintivo e intelectual é um ser parcial — pela morte do dragão ele se transforma num ser inteiro, em quem o **instinto**, a **emoção**, o **intelecto** e a **intuição** estão plenamente realizados e já não podem mais ser separados: o ser humano-divino.

É o nosso próprio intelecto que, muitas vezes, nos aprisiona, ao atribuir significados limitados aos elementos que o dragão oferece e que precisam ser transformados — principalmente o tabu relacionado ao medo da morte. No fogo que sai de suas narinas, no ar por onde voa, na terra onde pousa, na água da sua natureza anfíbia e no éter da sua invisibilidade estão os elementos que usaremos nessa alquimia interior para transmutar as vibrações do medo.

Quando arrancamos uma planta do solo, ou sacrificamos um animal para o nosso alimento, estamos de certa forma realizando esse ritual alquímico — a **Vida** e tudo o que ela tem em si, incluindo a sua parte instintiva, se sacrifica, anônima e imperceptivelmente, a todo instante, para que tenhamos mais vida. Os elementos que compõem tudo isso, até mesmo os instintos, devem estar sendo transubstanciados em algo "novo" quando nós os ingerimos. Mas quando é que nos damos o tempo e voltamos a nossa atenção consciente para reconhecer e agradecer atos tão amorosos da Divindade que tudo cria?

O Arcanjo Miguel é o portador da **Beleza** que compreende a realização de tudo isso. Ele não está nos pedindo para matar ou destruir os nossos instintos, mas para compreendermos que a "morte ou a transformação do dragão" significa o fim de um estado limitado, no qual nos deixamos aprisionar pelas vibrações medrosas que os instintos inexoravelmente impõem a nós. Se essas vibrações não forem transformadas e transubstanciadas em elementos positivamente conscientes em nossas vidas, o Amor não tem como se expressar plenamente; ficamos reféns de motivações medrosas que se enredam no tecido psicoespiritual de nossas culturas e sociedades. O instinto fica separado do intelecto, e este, da intuição. O resultado de tudo isso é o complexo tecido de medos psicológicos que vemos nas sociedades modernas.

Quando o medo é privilegiado no mundo da forma, o Amor, como um estado dinâmico de síntese e compreensão compassiva da nossa verdadeira condição humano-divina, se esconde na essência que nem todos se dispõem a ver. O impacto da morte do dragão foi e tem sido uma experiência de choque necessária para uma humanidade que insiste em prolongar o seu sono. No Ocidente, o dragão se transformou no bode expiatório que polariza em si o que consideramos o "mal"; em termos mais atuais, podemos dizer que o dragão tem sido a grande "lata de lixo" onde jogamos os nossos "refugos" e as nossas "sombras", sem nos preocuparmos com o impacto que vão causar ao meio em que vivemos; no Oriente, ele é visto como representante das forças da natureza criativa e criadora, uma figura necessária e benfazeja. Para São Miguel Arcanjo, o dragão não é o princípio feminino nem o masculino, mas a força instintiva e indiferenciada, tanto no homem quanto na mulher, que pode criar o medo inútil em consciências tão preciosas e amadas.

Sendo assim, "transformar o dragão"* é convidar o que ele representa (o instinto bruto, indiferenciado, automático e inconsciente, feito de elementos que circulam pelo nosso ser sem uma clara razão de ser) para assumir um novo estado de consciência e vida no qual nos sentimos renovados, conscientes e livres do medo. Se examinarmos criteriosamente tudo aquilo que podemos considerar um "mal" no mundo de hoje, veremos que, de alguma forma, os instintos humanos mal compreendidos, mal canalizados e não integrados estão presentes como causas importantes dos males do mundo. Não poderemos mais viver de modo pleno e são se não estivermos instintiva, intelectual e intuitivamente integrados.

Sendo assim, os Anjos de Deus e São Miguel Arcanjo, como mensageiros do eterno Amor, estão mais próximos que mãos e pés e prontos a revelar as epifanias que esperam para ser conhecidas e experimentadas no nosso viver aqui na Terra. Eles querem responder à nossa disposição de convidá-los a participar da nossa vida, com os mais belos episódios de sincronicidades e com as inspirações que nos chegam, trazendo a inteligência e a precisão de um Amor que cura e protege. Eles estão inteiramente disponíveis para nos ajudar na tarefa de nos tornarmos, definitivamente, seres "humano-divinos". Essa sempre foi a sua tarefa como Mensageiros de Deus.

Os 64 textos que este livro apresenta chegaram com a mesma surpresa, a mesma fluidez e a mesma energia que caracterizam a presença angélica. (Os anjos estão sempre mais próximos e mais disponíveis do que temos acreditado.) Chegaram de uma forma diferente, mas comunicam uma mesma e eterna essência.

---

* No livro *Transformando Dragões*, de Sônia Café, publicado pela Editora Pensamento, propomos que *matar o dragão* é apenas uma das possibilidades nos dias de hoje. Podemos escolher dançar com ele, convidá-lo para um diálogo, negociar uma trégua ou qualquer outra possibilidade que signifique uma verdadeira transformação e expansão da consciência.

Você vai notar que o *gênero feminino* é usado nos textos que o Anjo inspirou, e isso se faz dessa maneira porque considero que, em primeira instância, sou a aprendiz a quem tudo isso está sendo dito. E espero, amorosamente, que a mesma aprendizagem que faço esteja a serviço da sua Alma luminosa, esteja você num corpo masculino ou feminino. Como a nossa linguagem só pode manifestar um gênero de cada vez, peço-lhe, desde já agradecida, que faça o ajuste necessário, ou deixe os Anjos falarem com a porção feminina da sua integridade.

O pequeno texto que antecede cada uma das mensagens angélicas tem a intenção de ilustrar a nossa própria humanidade para, assim, podermos fazer uma conexão consciente e direta com a realidade integral, que é a garantia de sermos humanos e divinos simultaneamente.

A razão de ser deste livro é continuarmos com a nossa tarefa de "meditar com os Anjos" para abrir o coração para o Amor Eterno de Deus. E, com essa abertura no centro cardíaco, queremos ser instrumentos da Paz que transcende toda e qualquer compreensão, livres da ilusão do medo.

Seja bem-vindo, seja bem-vinda!

Como usar este livro

Este é um livro para você continuar *"meditando com os Anjos"*. Tenho a nítida impressão em minha consciência de que ele foi inspirado por São Miguel Arcanjo. Como é um Anjo que pode abarcar em si muitos Anjos e a sua simples presença dissolve as vibrações do medo, ele vem nos fazer um convite para meditar sobre como seria viver a nossa condição humano-divina, livres do medo.

Compreendo que o livro pode ser visto como um instrumento que, ao ser aberto e ao se refletir ou meditar sobre o que está no texto, pode nos ajudar a **transmutar as freqüências do medo**, sempre que quisermos meditar com os Anjos e encontrar a paz justa e necessária em nossa vida.

Sabemos que a palavra "meditação" pode evocar muitos significados; todos verdadeiros, todos essenciais e descritivos dos muitos significados e aplicações que ela pode ter.

Neste livro, quando os Anjos nos convidam a *"meditar sobre algo"*, esse convite poderá ser compreendido como um voltar-se para dentro de si mesmo e tomar as palavras como se fossem sementes reflexivas depositadas em nosso coração. E, nesse processo, é só prestar atenção ao que "nasce" em nós e se transforma numa compreensão abrangente, ao mesmo tempo que nos leva a agir e a tomar as atitudes que revelam a presença de Deus em nossa vida. *Muitas vezes a compreensão se expande para o nosso dia e, se não fica claro de imediato, podemos ver que, mais tarde, os Anjos providenciam "algo" — uma sincronicidade, um evento, uma epifania — que nos faz compreender o sentido almejado.*

A atitude essencial de criar sintonia, fazer silêncio, pedir ou perguntar com o coração aberto é fundamental para o bom uso do texto deste livro.

No espaço interior que criamos voluntariamente, os Anjos "depositam" uma mensagem. Eles são mensageiros de Deus, e, portanto, todo coração aberto é um coração apto a receber uma mensagem do Reino Angélico:

*Se você percebe que há na sua consciência
uma freqüência vibratória de um medo que o impede,
neste instante,
de decidir ou de ter clareza sobre qualquer situação,
ou se você quer apenas servir à humanidade
com a simples presença luminosa da sua Alma,
abra este livro ao acaso,
ou escolha uma página pelo número,
ou encontre a sua própria maneira de se relacionar com ele.
Lembre-se de que a motivação vinda do Amor
sempre será leve,
descomplicada,
sintética e impulsionadora de uma ação
que leva em conta o melhor para todos,
neste instante.
Veja o que os Anjos estão a lhe dizer
e esteja em Paz, sem medo de expressar-se como um filho ou filha de Deus.*

Ao mesmo tempo que os Anjos falam com a sua pessoa, estão falando, também, com a espécie humana, lembrando-nos continuamente da nossa unidade e interligação essencial.

Espero que você aceite o convite de continuar meditando com os Anjos.

*D*urante uma palestra, um famoso e competente cientista escolheu responder, dentre centenas de perguntas, a apenas duas: se ele acreditava em Deus e o que poderia dizer às pessoas com limitações físicas. Ele respondeu que, se quisermos chamar de Deus a inteligência misteriosa que faz que este universo funcione, tudo bem para ele. Depois, apesar das suas limitações físicas devido a uma doença grave, ele não gostaria de ser considerado uma pessoa limitada.

1

Esteja em paz e sem medo de ir além das suas limitações.

A humanidade é um imenso Ser formado pelas individualidades de cada homem, mulher e criança que vive neste mundo.

Como um Ser de grande magnitude, ela ainda ignora a sua capacidade de influenciar e transformar o mundo em que vive.

Podemos dizer que a humanidade ainda é, hoje, um gigante adormecido, preparando-se para despertar definitivamente para a sua missão na Terra.

Seu corpo é feito das muitas formas e cores e das crenças que cada indivíduo escolhe para ser a sua fonte primordial de direção e inspiração.

Porém, esse majestoso corpo da humanidade ainda dorme, e grande parte da informação que queremos revelar sobre a sua verdadeira origem divina e o seu papel crucial na vida do Ser Planetário permanece depositada em seu inconsciente.

Esses conteúdos esperam que cada individualidade desperte e receba em si a divindade essencial. Além de toda e qualquer "limitação" humana.

Acorde!

Seu despertar é ardentemente esperado depois da longa noite de inconsciência; a luz da sua consciência já pode brilhar neste novo dia.

Medite sobre isso...

Quase todos questionaram por que ela iria mudar para um lugar distante, arriscar-se numa aventura sem a segurança de um trabalho, longe da família. Mas ela estava pronta para seguir e soltar o barco na maré da oportunidade única, aquela que apontava para a direção da sua estrela. Ela a viu e não teve medo de segui-la.

2

Esteja em paz e sem medo de seguir a sua estrela.

Estrelas humanas já brilharam no céu do Oriente e do Ocidente, algumas delas com um brilho que muitos e muitos viram.

E, ao vê-las, decidiram seguir a sua trajetória, porém ainda esquecendo-se da unidade que formam no corpo da humanidade.

É chegado o momento de cada ser humano acordar para um novo dia, e estamos aqui para ser parteiras de um despertar consciente, encarnado e responsável.

Cada um terá o direito de expressar, conscientemente, a sua essência divina, que vive em seu corpo e anima a sua existência terrestre.

Estamos aqui para ajudar na remoção dos bloqueios emocionais e conceituais que impedem cada ser humano de entrar em contato com o Deus Único que habita em seu coração.

O Espírito de Deus é um só, mesmo sendo múltiplas as formas nas quais Ele/Ela se manifesta, mesmo sendo muitas as estrelas que brilham no firmamento.

Você só precisa se relacionar com a que escolheu, sem jamais perder o contato com o Espírito Único que a vivifica, não importando se segue uma estrela no Oriente ou no Ocidente.

Pois todas as estrelas que você vê e segue fazem parte de uma única abóbada celeste, abarcada pelo espaço infinito de um só Criador.

Medite sobre isso...

3

A timidez que sentia enrubescia o seu rosto toda vez que precisava mostrar os seus talentos. A voz que não saía, o aperto no estômago... sensações que conhecia bem, e o medo de não ser aceito. Até que o Anjo lhe disse para respirar e afrouxar os nervos que comprimiam a sua criança interior, convidando-a para brincar e deixar-se banhar na luz de sua Alma.

Nós, do reino Angélico, passamos a ter uma identidade individual apenas quando nos relacionamos com você; quando entramos no contexto de um relacionamento com um ser do reino humano.

Quando isso não acontece, permanecemos unificados no Ser de Deus.

Estamos aqui para revelar que a separação que existe entre a natureza divina e a humana fica cada vez mais tênue.

Nossa missão é desfazer essa ilusão e retirar os fios da trama tecida que envolve esse sentido de separação.

Estamos de volta para revelar a unidade que existe entre a consciência humana e a consciência divina, e qual é a verdadeira natureza humana.

Abra a sua mente e o seu coração para perceber a sua unidade no corpo da humanidade, qualquer que seja a sua identidade étnica ou religiosa.

Sozinha, você é apenas uma célula num corpo coletivo; mas, se está desperta neste momento, a sua luz abrirá caminho para que outros também despertem, no mesmo corpo, na mesma Luz.

Você foi feita para brilhar.

Medite sobre isso...

Esteja em paz e sem medo de deixar a sua luz brilhar.

*E*les não falavam o mesmo idioma. Uns tinham vindo do Ocidente, outros do Oriente. Mas, através de gestos que acolhem, preparam um alimento, embelezam o ambiente e dedilham as cordas de um violão, eles falaram a linguagem universal do amor ao próximo e da verdadeira comunidade. Não tiveram medo de não ser compreendidos. Foi uma noite de risos e de alegria de viver.

A linguagem humana verbaliza atos, conceitualiza a respeito de coisas.

Os Anjos falam a linguagem universal da Luz, aquela que é compreendida quando os pensamentos silenciam e as freqüências vibratórias de sincronicidades perfeitas são vistas e ouvidas.

A convergência harmônica de gestos e atos que se encontram e a visão de se estar na hora e no lugar certos falam mais que mil palavras.

Isso está além das estruturas lingüísticas, e são traduções perfeitas da presença Angélica.

Toda a informação recebida na linguagem universal da Luz surge diretamente na Alma de quem se comunica e é entendida plenamente, sem que os conceitos ou formas verbais interfiram na plena compreensão do que está sendo comunicado.

Preste atenção ao que vem diretamente da sua Alma para você mesma, sem intermediários, na linguagem universal da Luz.

Uma idéia, um pensamento, o sentimento que vibra no coração não deixam dúvidas, quando potencializados pela Luz divina.

Pense com a Luz, vibre na Luz e seja dela um servidor.

Medite sobre isso...

Esteja em paz e sem medo de comunicar a sua verdade.

5

Era para dizer sim e não. Ela disse sim para o amor que sentia pelo pequeno obstinado e não para o brinquedo belicoso que ele insistia em adquirir. O seu amor não estava limitado ao não, e era muito mais ilimitado que qualquer sim. Ela não tinha medo de dizer sim e não e permanecer sempre consciente do seu amor ao dizê-lo.

Embora a maior parte do tempo você esteja escolhendo identificar-se com a sua identidade centrada na forma humana, em nenhum momento você pode deixar de ser uma identidade centrada em Deus.

"Ser ou não ser" não é mais uma questão com a qual se preocupar. Você é humana e divina, simultaneamente. Esse dilema está resolvido.

Desperte para essa compreensão neste instante. Você simplesmente tem permitido que a sua identidade humana ocupe grande parte da sua consciência, enquanto esquece de perceber que a forma da sua identidade humana é apenas um reflexo da sua essência divina.

Quando caiu na ilusão dessa separação, esqueceu-se da sua unidade com Deus.

E se, no momento de fazer uma escolha, você escolhe com as vibrações do medo, então o seu compromisso com a vida se define a partir dessa escolha. Você escolheu estar identificada, exclusivamente, com a sua identidade humana, na forma material que ela assume para você.

Se escolher estar consciente, em sua humanidade, da sua identidade divina, verá que não há nada a temer, pois a única razão de você existir é o Amor de Deus por você.

Deixe fluir esse Amor através de si, e verá que as vibrações do medo não terão qualquer influência sobre você.

Medite sobre isso...

> *Esteja em paz e sem medo de ser humana e divina simultaneamente.*

Era uma vez uma menina com medo de um oceano profundo e escuro. Um medo tão grande que não dava para ser compreendido. Ela cresceu, e o medo se transformou na vontade de conhecer a Deus, diretamente e sem intermediários.

6

Todo pensamento que você tem é como uma estrutura energizada que constrói à sua volta. E cada pensamento tem o poder de fazer que você se identifique com ele.

Você não é o pensamento que pensa, tampouco a pretensa estrutura que ele pode viabilizar na sua vida. Você precisa do pensar para criar as formas, mas não precisa se identificar com as formas que ele cria, nem com o próprio pensamento.

Se você pensa na escuridão ou se assume qualquer atitude que a atraia até você, poderá acreditar que a escuridão é uma realidade absoluta. Pois saiba que todas as instâncias da escuridão são relativas no mundo em que você vive.

Para cada criação que você faz no escuro, há um contraponto de clareza que leva você a vê-la e a se responsabilizar por ela. E você só cria no escuro quando acredita que pode estar separada de Deus. Isso é como a perda da visão, que é o mesmo que acreditar na existência da escuridão.

Cego, como você bem sabe, é aquele que escolhe não ver.

Hoje, o Anjo do Amor lhe pede que você transforme o medo da escuridão em amor pela Luz.

A escuridão não é a ausência da Luz, mas a negação da sua existência. Há sempre uma Luz brilhando na escuridão; essa é uma promessa que já foi cumprida. Você só precisa abrir os olhos da Alma para ver.

Medite sobre isso...

Esteja em paz e sem medo de ver a Luz na escuridão.

Conta-se que a menina de cinco anos, aproximando-se do irmãozinho de poucos meses de idade, confidenciou ao seu ouvido: "Neném, conta para mim como é Deus, porque eu já estou começando a esquecer".

Parece que faz muito tempo desde que você partiu, e já não sabe mais como é ter a sua identidade centrada em Deus. Faz tanto tempo para você que, às vezes, isso lhe causa essa sensação de que foi abandonada num vale de lágrimas, num desterro que não tem fim.

Mas isso é uma ilusão que você aceita e que lhe é transmitida de geração em geração. Cabe a você parar de transmiti-la, pois o Amor já nasceu na gruta do seu coração. Esse é um passo muito importante.

Se você perde a consciência da sua unidade com Deus, assume um compromisso com a ilusão da separação. A nutrição que você precisa para recuperar a consciência lhe tem chegado por meios indiretos e inconscientes, e por isso você nem presta atenção. Mas isso vai mudar.

A Luz de Deus é o seu alimento mais importante, e você pode recebê-la diretamente, sem que sejam necessários intermediários. Você já pensou nesse "alimento" hoje?

Basta que você mude a percepção da sua identidade como sendo apenas uma forma limitada a uma expressão humana para uma identidade cuja essência procede de Deus.

O centro da sua identidade não é o seu eu separado, mas o seu eu divino, aquele que se sabe unido a tudo. Você foi criada para "iluminar a matéria" que a reveste e tudo o que você toca a partir dessa conscientização.

Você é uma transmissora de luz e de vida.

Medite sobre isso...

Esteja em paz e sem medo da sua unidade com Deus.

*Q*ue forma deve ter o vaso? Quadrada ou redonda? Alta ou baixa? O conflito que havia entre membros do grupo se dissolveu quando todos perceberam que não estavam a serviço da forma que o vaso de cerâmica deveria ter. Todos queriam servir ao "bojo vazio" do vaso, que iria conter as flores.

Nunca leve para um novo relacionamento, com o que quer que seja, os padrões e as respostas que foram úteis num relacionamento anterior. Se você fizer isso, vai valorizar mais a forma do relacionamento do que a essência que o vivifica.

E como você vai conhecer essa nova essência se, de antemão, já tem uma maneira condicionada de percebê-la? Ao trazer consigo o "conhecido" anteriormente, você perde a oportunidade de "conhecer" o desconhecido, sem restrições, com eficiência, usando todo o seu potencial.

Quando algo está tomando uma forma material, a energia criadora vai precisar ficar "contida" ali, para que você veja a forma que foi criada. Porém, você não precisa se identificar com a forma, nem com a energia que se deixou conter.

Estar consciente do movimento infinito da Vida que pulsa e cria através de você é o seu estado de graça original, além de qualquer conflito ou divisão.

Quando você pensa, atrai um número infinito de partículas materiais para dar forma ao seu pensamento.

Mas você não precisa se identificar com as formas que o seu pensamento cria; só precisa ficar consciente de quem você é, enquanto cria todos os relacionamentos de que precisa, a partir da sua unidade humano-divina.

Ao restabelecer o centro da sua identidade para a sua origem em Deus, menos esforço será necessário para manter-se viva e relacionar-se com a Vida. Gradualmente, você se descobrirá de volta ao jardim de delícias, e os seus olhos se encherão da contemplação que Deus quer.

Medite sobre isso...

Esteja em paz e sem medo de harmonizar os conflitos da Vida.

9

Conta-se que um poeta estava tão em sintonia com a vida que os mosquitos não lhe picavam a pele. Talvez o poeta não mais sentisse o seu corpo como sendo só seu. Seu relacionamento com ele era novo a cada dia. E os mosquitos, por meios misteriosos, sabiam disso também.

Quanto mais identificada você fica com o seu corpo físico, mais densidade e peso lhe são conferidos, e mais exigente ele fica ao consumir os recursos da Terra para o seu sustento.

Sua identidade verdadeira inclui, porém transcende, o seu corpo.

Sua essência está coberta de camadas e mais camadas de identificação material. Para cada camada de identificação material, você cria um "eu". E, para cada eu que você cria, mais e mais fragmentações se fazem dentro de você. Nós podemos ajudá-la a integrá-los, pois você é muito mais que a soma desses pequenos "eus". Sua Alma é a sinergia de todos eles.

Como a sua linguagem humana só comunica uma coisa de cada vez, você esquece que está simultaneamente existindo numa variedade de ocorrências multidimensionais.

Você é razão e emoção; forma e conteúdo; matéria e espírito. Está sempre se comunicando em muitos níveis ao mesmo tempo.

Nós podemos ajudá-la a compreender isso e a agir no mundo como alguém cuja Alma está livre para se expressar e servir ao novo de cada dia.

Olhe, sem temor, para a "nova rosa" que brota hoje em seu jardim.

Esse tipo de percepção e comportamento une você ao que o momento presente está trazendo. E o momento presente sempre traz algo que vai pedir que você flexibilize o modo como percebe a realidade, livre dos parâmetros da comparação com o que foi.

Você é um Espírito livre que jamais será capturado pela forma.

Medite sobre isso.

> Esteja em paz e sem medo de encarar o novo em sua vida.

A jovem percebeu que estava só. Sozinha com os seus pensamentos, com toda a natureza que a recebia naquele dia cheio de sol. O sol lhe fazia companhia naquela solidão tão bem-vinda. E, por estar só, ela percebeu que, finalmente, marcara um encontro consigo mesma. Só assim, o Bem-Amado na Alma podia se aproximar.

Deus, a Fonte, Aquele que é Tudo, o Criador... e não se preocupe com o gênero que a palavra "Deus" assume, pois é a sua linguagem que só pode expressar um conceito de cada vez, um gênero de cada vez, um lado de cada vez.

A linguagem falada e escrita não dispõe dos meios da simultaneidade e da multidimensionalidade para expressar o significado de Deus em palavras.

Portanto, respire, relaxe, contente-se com o que você pode compreender agora. No tempo certo, novas e novas compreensões se desdobrarão.

O que realmente importa para você é perceber que veio para a vida para se exercitar em fazer a vontade de Deus.

Fazer a vontade de Deus deveria ser algo tão natural para você quanto o ato de respirar. Você não pensa para respirar; você e a sua respiração são uma coisa só, a maior parte do tempo em que está viva e consciente.

Imagine que Deus é como a sua respiração. Você não precisa pensar em Deus para que a Sua presença esteja unida à sua. E, se você tem clareza em relação a isso, verá que fazer a vontade de Deus tanto na Terra quanto no Céu é saber da Sua presença eterna ao seu lado.

O medo da solidão não se justifica na sua consciência. A solidão é o espaço infinito onde você se encontra com o Deus que habita com você na mesma morada.

Medite sobre isso...

Esteja em paz e sem medo de estar sozinha com Deus.

11

Tudo aconteceu de um jeito miraculoso. Em pouco tempo, grande parte do que viria a ser a estrutura física da comunidade estava pronta. Havia uma concordância entre todos de que, apesar de todas as limitações da razão humana e do fato de nem sempre saberem como agir, tudo deveria ser feito como um exercício para glorificar a Deus.

O que a impede de deixar que a vontade de Deus seja feita, assim na Terra como no Céu, é uma espécie de estática racional, feita de processos duvidosos nos seus pensamentos.

É isso que cria um excesso de apego à dualidade e fica no caminho da sua percepção direta da vontade de Deus para a sua vida.

Não hesite em agir para fazer a vontade de Deus; mesmo que você se atrapalhe, ou que o seu gesto não seja perfeito, não permita que um intervalo de interferências racionais a impeça de agir para atender à necessidade de servir a Deus em cada momento da sua vida.

Isso é algo muito simples: basta que você faça tudo o que precisa fazer com a intenção de glorificar a Deus.

Desperte agora!

Escute o chamado dos Anjos que querem que você volte a experimentar a clareza de uma percepção instantânea, sem divisões, seu Dom divino de nascença.

Isso é o mesmo que voltar a ser criança, numa outra volta, em que você se sente conscientemente amparada pelo Pai/Mãe que a criou.

Medite sobre isso...

Esteja em paz e sem medo de ir além dos limites impostos pela razão.

12

A pedra evolui, inconscientemente, em bilhões de anos. A planta e o animal passam pelo tempo da evolução da matéria, em ciclos misteriosos de morte e renascimento. O eu que encarna no ser humano pode evoluir consciente da sua identidade divina, ou misturar-se ao pó das pedras e dormir um pouco mais.

Antes de ser criatura, existindo num corpo de matéria, você é Espírito unido a tudo o que existe.

Como Espírito, você sempre esteve e estará vivendo no eterno.

Como matéria, você está revestida pelo tecido do tempo.

Ao assumir um corpo material, você foi gradualmente se separando do seu corpo de consciência original e unificada com a consciência de Deus.

Durante muito tempo do seu processo evolutivo, você foi se esquecendo da sua origem, até chegar ao ponto em que se encontra hoje: um ser que acredita estar separado da sua condição original de filha direta de Deus.

Você levou muito 'do seu tempo' evoluindo inconscientemente. Chegou a hora de despertar completamente e começar a participar da criação consciente do seu próprio destino.

Antes, parecia que "evolução" era algo que acontecia a você independentemente da sua própria vontade, independentemente das suas escolhas. Agora, evolução significa estar conscientemente engajada nos processos co-criativos que fazem a realidade ser o que é.

É por isso que os Anjos estão regressando. Eles fazem parte da sua equação evolutiva total. Estão aqui para lembrá-la da parte divina da sua inteireza humano-divina, que você escolheu deixar para trás antes de mergulhar na experiência com a matéria.

Antes, era como se você não escolhesse evoluir. Agora, evoluir é uma escolha consciente na sua agenda, quer você esteja querendo despertar para isso, quer você queira ficar dormindo mais um pouco.

O seu despertar, entretanto, é inevitável.

Medite sobre isso....

Esteja em paz e sem medo de evoluir conscientemente.

13

A criança divina que nasceu com a sua estrela voltada para o Ocidente encarnou o Amor Cósmico. A criança divina que nasceu com a sua estrela voltada para o Oriente veio antes para encarnar a Sabedoria Cósmica. O propósito delas é um só: despertar a humanidade para o Amor e a Sabedoria que trazem em si e servir à Vida Abundante.

Você precisa despertar para o fato de que a sua existência no mundo material tem um propósito.

Nós, os Anjos, conhecemos esse propósito e estamos prontos para ajudá-la a lembrar-se dele.

Representamos o seu estado de unidade com Deus, a sua parte que não se esqueceu da sua origem divina. Estamos mais próximos que mãos e pés, dispostos a abrir o seu coração e a comungar com você nesse processo de acordar definitivamente.

É chegado o momento de despertar para a realização, da qual você está sendo convidada a participar, da co-criação consciente do seu próprio destino.

A consciência divina que se dispõe a estar cada vez mais consciente no seu corpo é a mesma que motivou o "Amor" e a "Sabedoria" a encarnar e habitar entre nós.

Foram do nosso Reino aqueles que apontaram para as estrelas a serem seguidas, seja no Oriente ou no Ocidente, pois elas indicam os caminhos que levam ao propósito comum da humanidade.

Queremos lembrá-la de que, embora sejam sinuosos os acessos ao labirinto da Vida, o seu centro é comum e único.

Medite sobre isso...

Esteja em paz e sem medo de seguir o seu propósito.

Ela decidiu dar fim à comunicação sem clareza que havia entre si e o amigo. Decidiu dar fim ao que fazia com que ele sempre ultrapassasse os limites do bom senso. Com o fim de tudo isso, seu amigo finalmente compreendeu, numa perspectiva correta, que o amor não se impõe, apenas flui através de quem não deseja possuí-lo para si mesmo. O tempo do engano acabou para ambas as partes. A amizade, que não precisava ter fim, pôde renascer em novas bases.

Você tem ouvido falar do final dos tempos com certa freqüência.

Realmente, os tempos nos quais você existia como um ser fragmentado e inconsciente da sua verdadeira identidade em Deus estão chegando ao fim.

Olhe à sua volta e veja como tudo aponta nessa direção.

Quando você olha e vê a desordem, o desentendimento entre criaturas humanas e a ausência da verdadeira paz, você pensa no fim.

E está muito certa.

Os tempos do viver inconsciente e irresponsável estão chegando ao fim.

É tempo de "co-criação consciente" e de agir inspirada pelas intenções criativas do Grande Espírito que você representa aqui na Terra.

Faça a sua parte, integralmente, e tudo virá por acréscimo e ressonância, num novo tempo.

Medite sobre isso...

> Esteja em paz e sem medo de dar fim ao que tem fim.

Para quem está no norte do planeta Terra, o novo ano começa no inverno. Para quem está no sul, ele começa no verão. No norte, o inverno fala de uma promessa de luz. No sul, a luz está em plena estação. Direções complementares para quem não tem nada a temer. Linguagens faladas sob um único Sol. O planeta é um só, assim como a humanidade e o seu destino cósmico.

15

A Terra é como um imenso útero no qual você está sendo nutrida, para que se desenvolva plenamente, num ser completo, feito de luz e matéria.

A Luz que a criou vem do Pai celestial; a matéria que a reveste é a herança da sua Mãe terrestre.

Sua Mãe-Terra está pronta para lhe dar à Luz, de modo que seu Pai Celestial e todo o universo a vejam como feita: de pó e da luz das estrelas.

O seu nascimento é iminente. A partir de agora você pode contemplar e ser contemplada, num processo no qual os seus olhos e todos os seus sentidos estão a serviço de Deus.

Você é uma filha que Ele e Ela desejam. Senão, o que estaria fazendo aqui? De que valeria ter essa consciência que pode conhecer a si mesma? Por que esse dom divino lhe teria sido dado?

Nasça, hoje, definitivamente, para ter um novo corpo, que responde prontamente à presença da Luz e é a perfeita habitação do "Amor".

Medite sobre isso...

Esteja em paz e sem medo de nascer na Luz de Deus.

16

Quando um poeta disse que poderíamos ver a eternidade num grão de areia e o vasto cosmo na palma da nossa mão, estava consciente da grandeza da nossa missão planetária. Se somos poetas ou não, nada muda em relação ao que viemos fazer aqui, neste lindo planeta azul que gira em torno do Sol, estrela entre incontáveis corpos celestes.

As palavras nas escrituras traduzem um conteúdo simbolizado.

O verdadeiro significado que precisa ser comunicado requer que a mente humana não só compreenda através de atos e palavras, mas experimente em si o sentido verdadeiro de tudo o que está criado, além dela.

E tudo o que está criado passa pela sua condição humana, pois você é, dentre todas as criaturas criadas, aquela que está consciente da própria existência e da de todos os outros seres que a ajudam a construir a sua própria história.

Só a sua Alma pode contar a história viva, aquela que transcende o tempo e o espaço, além da sua mente racional.

Você está criada para estar consciente não só da sua condição humana, mas de tudo o que forma a totalidade do Ser Planetário, sua identidade completa e futura.

Para o Cosmos, você ainda é um ser em estado embrionário; a sua espécie inteira ainda aguarda o momento de se sentir apenas UMA única espécie, fazendo a tarefa única de unir o espírito e a matéria na Luz do Amor, através do exercício de fazer a vontade de Deus.

Medite sobre isso...

Esteja em paz e sem medo da grandeza da sua missão planetária.

A vontade de conhecer a si mesmo levou-o ao encontro do mestre. O mestre lhe disse para silenciar e prestar atenção ao modo como respirava. Ao prestar atenção ao modo como respirava, ele se conectou com a vida que vivia em si mesmo. Ao se conectar com a vida que vivia em si mesmo, ele percebeu que só havia Uma Vida.

O universo físico responde e é criado por leis de materialização que são corretas e adequadas.

Ao mesmo tempo que essas leis criam a vida biológica, também criam a limitação e a morte biológica. Portanto, só existe morte biológica; não existe morte para a Vida que é eterna.

Por um desvio de percepção você foi levada a traduzir a experiência de encarnar na vida biológica como uma espécie de limitação, de contração e esquecimento da sua essência original.

Foi esse fato que criou uma instância psicológica, uma identidade fictícia que veio a ser chamada de ego. Ao identificar-se com ele, você ficou vulnerável ao stress de que um dia terá fim; passou a experimentar uma necessidade de se proteger e de se defender de um possível aniquilamento.

Foi quando você passou a conhecer o medo. Foi quando você conheceu o seu desamparo, num vasto e inescrutável cosmos.

O medo só acontece quando você esquece que a sua verdadeira identidade não é material; a sua essência espiritual não deverá ser confundida com as forças que governam os mecanismos de atração e coesão que a levam a "habitar" uma forma material.

Antes de mais nada, você é um Espírito de Amor e Luz, expressando-se por intermédio de um mecanismo que veio a ser chamado de ser humano. Suas potencialidades, entretanto, são eternas e divinas.

A Vida que lhe dá vida é sempre eterna.

Você precisa se conhecer melhor.

Medite sobre isso...

Esteja em paz e sem medo de se conhecer integralmente.

*E*la percebeu que estar ocupada em "fazer" alguma coisa era uma boa desculpa para não se entregar. Ela também percebeu que a presença de Deus no seu coração era uma realidade, sempre que decidia não fazer nada para que isso fosse assim. Ela, então, sentou-se e aquietou-se, simplesmente, como lhe propusera o Anjo. E voltou a lembrar-se do que nunca precisaria ter esquecido.

Sua razão humana deixa de ser um instrumento de autoconhecimento se estiver imersa nas vibrações do medo.

Como poderá usar bem as potencialidades da razão se a sua lucidez estiver impregnada de subjetividades que reforçam a existência do medo?

Antes de mais nada, você precisa desfazer as teias de medo que se traduzem em conceitos rígidos que você criou em torno de si mesma: "Não é fácil conseguir"; "Não consigo expressar"; "Não sei como"; "Pobre de mim"...

A Presença de Deus é uma experiência direta e intransferível a ser vivida a todo instante de sua vida. Deus está aqui e agora com você, em você, por você...

Você só precisa permitir que os Anjos a ajudem a remover os bloqueios conceituais e emocionais que a impedem de viver plenamente nessa Presença.

Queremos ajudá-la a perceber que aceitar e reconhecer a existência de Deus no seu coração é de sua única e inteira responsabilidade.

E você, certamente, está pronta para responder ao chamado do seu coração.

Medite sobre isso...

Esteja em paz e sem medo de sentir a Presença de Deus no seu coração.

A música aproximava, chamava para perto do coração da menina uma alegria gratuita, sem nenhum motivo especial. Uma alegria que podia vir da cor verde das folhas da árvore, do deslizar da formiga para dentro de um buraco escuro no chão de terra, do brilho do Sol na sua pele. Era como se ela estivesse sendo vivificada por algo além do que sabia de si mesma até então.

19

Nós, os Anjos, estamos deixando de ser vistos como seres extra-humanos para nos transformarmos em seres intra-humanos.

A nossa presença pode se transformar em epifanias cotidianas, de um jeito simples, com coisas simples que elevam e alegram o seu dia.

E, por causa disso, cada vez mais você vai sentir a presença de Deus na sua consciência.

Antes, você precisava de experiências extraordinárias, milagres revertendo o impossível para a dimensão da plena possibilidade, para voltar-se para o que é divino.

Hoje, você precisa cada vez menos desse tipo de fenomenologia. E saiba que você não precisa ver a sua vida ameaçada por tragédias urbanas para sentir que precisa estar mais perto de Deus.

Estamos aqui para restabelecer, gradativamente, os circuitos energéticos que ligam a sua consciência humana à certeza da sua origem em Deus.

Consciente ou inconscientemente, você vai ficando mais competente em se ajustar às vibrações amorosas que a sua Alma lhe traz. Você muda no compasso certo, se transforma em paz, alegria, clareza, ou em qualquer das qualidades que sustentamos vibracionalmente para você.

A presença de Deus está em toda parte, e nós só a estamos ajudando a desmanchar as tramas conceituais que a impedem de experimentar essa Presença por completo.

Medite sobre isso...

Esteja em paz e sem medo de ser a clareza que Deus quer.

Aquele homem quase perdeu a vida num trágico acidente. A esposa querida, que estava com ele, não sobreviveu à mesma tragédia humana. Ele volta da morte, e a sua recuperação contradiz a ciência. Ele se aproxima de Deus e passa a ver, ouvir e cantar as Suas possibilidades infinitas.

No olhar de quem foi transformado, está a gratidão a Deus. Ele precisou visitar as regiões da quase-morte para se lembrar de quem é verdadeiramente. Uma experiência e uma escolha humanas que podem mostrar a morte ao que é mortal.

Mas, se você assim escolher, não precisará de medidas e compassos tão extremos para se conhecer, ou para se lembrar da sua razão de ser.

Você já teve muitos exemplos dos que quase morreram e voltaram a viver, cheios da Presença de Deus — sem medo de pronunciar o Seu nome, sem vergonha de expressar as maravilhas operadas em si —, dos que regressaram para bendizer a Vida.

Entretanto, além dos efeitos e dos ensinamentos de dramas ou tragédias, e porque a Humanidade é uma só, você pode experimentar a Vida Abundante a cada respiração, aqui e agora, com a simplicidade de uma criança.

Nada há a temer para aquele que pratica estar sempre na presença de Deus. O esquecimento não é duradouro, e quem esteve distraído pode sempre voltar a prestar atenção. Um gesto simples, que pode "salvar" a sua vida.

Maravilhas estão sendo operadas na sua consciência neste instante.

Medite sobre isso...

Esteja em paz e sem medo de viver a Vida Abundante de Deus.

21

Quando lhe perguntaram o seu nome, ele respondeu: "Não sou o nome pelo qual me chamam, mas o nome que me deram deve soar como um chamado para que eu não esqueça Aquele que me criou. Podem me chamar de Filho do Amor".

※

Nós, os Anjos, estamos aqui para lembrá-la de quem você realmente é. O que você é não pode estar no passado como algo congelado ou gravado na pedra, imutável.

Olhamos para você com os olhos de Deus, e podemos compreender toda a sua trajetória na Terra. Guardamos a lembrança, no eterno, de tudo o que você possa ter esquecido — passado, presente e futuro.

No eterno, você está sempre num estado de vir a ser, um estado de quem confia em Deus e se rejubila na certeza de que não pode controlar o próprio destino.

O seu corpo feito de matéria terrestre retém a energia de todos os sistemas que aqui funcionam. E, assim, você se expressa com as limitações e as contrações que as leis da materialização prescrevem à sua biologia humana.

A sua forma humana um dia terá fim; o fim a que você chama de morte. Porém, só a sua forma acaba, juntamente com a identidade lógica e fictícia que você chama de ego.

Ao se identificar quase exclusivamente com o corpo e o ego, que são temporários, você cria a emoção do medo. E, assim, teme pela sua vulnerabilidade e busca se proteger e se defender.

Mas, no íntimo, você sabe que só está segura e protegida no seio de Deus, o seu único e verdadeiro amparo, o Pai-Mãe que a recebe na sua infinita e eterna compaixão.

O ser espiritual e eterno que você é não é prisioneiro das leis que governam o mundo material. As suas verdadeiras essência e identidade estão definidas pelas Leis do Amor.

Você é livre para ser uma filha direta de Deus. A sua verdadeira identidade é ser tudo o que é, em unidade com o seu Pai-Mãe.

Medite sobre isso...

Esteja em paz e sem medo de seguir as Leis do Amor.

22

A velha senhora achava possível tratar tudo que acontece como um evento cósmico que produz a vitalidade interior e alegra a Alma, sustentando tudo que vibra e vive. Tratou a sua orfandade como o evento mais importante da sua vida — aquele que a impulsionou na direção da sua verdadeira tarefa: uma agente da cura e da paz na Terra.

Pelas Leis do Espírito, você é filha direta do Amor; pelas leis da matéria, torna-se filha adotiva do medo. Se escolhe exclusivamente o caminho da forma, você se coloca na posição de órfã e experimenta o desamparo.

Mas nada tema, pois a sua forma humana está sempre protegida do desamparo e da vulnerabilidade, que você não seria capaz de compreender... O imenso Amor de Deus a protege de conhecê-los em sua verdadeira dimensão.

Se pudesse ver a realidade verdadeira, ou lembrar-se da poeira cósmica que deu origem ao seu corpo, tantas dores e conflitos nada significariam diante da grandiosidade da sua tarefa.

Pois eis que tudo isso faz parte do seu despertar consciente, que não precisa mais estar associado à idéia de uma queda, mas à de um impulso que revela a direção a ser seguida.

Você veio para trazer a Luz do Amor a cada átomo do Universo; para participar da criação de um Grande Ser, plenamente consciente da sua divindade interior.

Ao longo de eras, muitos indivíduos já despertaram para essa realidade. Mas chegou o momento no qual esse Grande Ser do qual você participa despertará por todo o planeta — uma epifania coletiva.

Acorde e liberte-se das identidades que lhe foram impostas quando da sua convivência com as vibrações do medo. Você só precisa servir à Luz do Amor que lhe deu origem e deixar que Ela brilhe em si e ao seu redor.

Medite sobre isso...

Esteja em paz e sem medo da grandiosidade da sua tarefa.

23

Quando a moça prestava atenção ao centro luminoso dentro de si mesma, tudo fluía sem empecilhos. Prestar atenção a esse centro também a enchia da alegria que, por sua vez, atraía a alegria latente em cada membro do grupo. Tudo era feito com modéstia e em silêncio para que todos se sentissem parte da mesma epifania.

Embora você pouco perceba, tudo o que existe à sua volta reage à sua presença, responde ao seu olhar.

Sua atenção pode expandir-se para incluir tudo, ou contrair-se e não perceber quase nada além de si mesma.

O seu tamanho tanto pode abarcar a Vida inteira e permitir que ela caiba dentro de si como ser tão pequeno que lhe permita mergulhar na menor das criaturas.

Você é uma representante da atenção de Deus. Ele quer ver a vida que criou através da sua visão.

Desperte!

Pois tudo responde ao olhar de quem acordou para ver a Luz divina irradiando-se em cada ser.

Todos querem ser vistos em seu próprio brilho; todos querem irradiar a luminosidade que se desprende do seu corpo material quando visto com os olhos do Espírito.

Essa Luz é o poder que cura e liberta. Ela está na sua consciência quando você se doa, num ofício sagrado, para que tudo vibre e exista na Luz do Amor de Deus.

Medite sobre isso...

Esteja em paz e sem medo de ser uma representante da atenção de Deus.

Eles haviam brigado e a harmonia se desfez. Não era bom o gosto da desavença, mas fazia bem a nudez daquele sentimento que, quando negado, atraía a superficialidade para a relação. Eles eram divinamente bons um para o outro, mas a sua humanidade pedia clareza para que pudessem se olhar, sem medo e com profundidade, na face um do outro.

A **Vida** está em toda parte.

A **Vida** é o **Pai** espiritual de tudo o que existe.

A **Matéria** é a **Mãe** de tudo o que tem forma, contorno ou uma face que se pode tocar e reconhecer.

Quando **Vida** e **Matéria** se unem, nasce o **Filho** — a **Consciência**.

Na menor das criaturas, a Vida do Pai e a Matéria da Mãe se uniram e a Consciência do Filho pode nascer a qualquer instante.

Mas essa pequena criatura não sabe que a Trindade está latente, pronta para se revelar e vibrar na sua existência.

O ser humano é o único, em toda a criação, que pode saber que a Vontade do Pai, a Inteligência da Mãe e o Amor do Filho vibram em uníssono para que ele seja o que é.

Por isso você pode dar as boas-vindas ao Amor que nasce no seu coração, ilumina a sua consciência e revela o plano de Deus para a sua vida.

Nós, os Anjos, a protegemos até que você possa se lembrar de tudo, e a incentivamos a dissolver todo o medo de mostrar a sua face **"humano-divina"**.

Aguardamos que você se torne consciente da sua unidade com tudo o que existe nesse imenso Cosmos, a morada do Pai, o colo da Mãe e o campo dos sonhos do Filho.

Medite sobre isso...

Esteja em paz e sem medo de mostrar a sua face humano-divina.

25

*N*ão parecia fácil ficar no presente. Afinal, foram tantos anos de condicionamento. Mas ela decidiu tomar a atitude de voltar a consciência para estar no presente, não se importando mais com as incontáveis vezes que precisava voltar a lembrar de fazê-lo. O passado, o futuro e as lembranças marcaram um encontro no presente da sua atenção.

A presença de Deus só pode ser vivenciada no momento presente.

Quando os véus conceituais que você criou sobre o passado se dissolverem diante da sua visão, você verá o Espírito magnífico que você é.

Livre para criar, deliciando-se com a oportunidade gloriosa da sua encarnação, você finalmente compreende que não veio para sobreviver à matéria, mas para dar vida abundante a ela, pela simples presença da sua consciência encarnada.

Esse é um exercício de percepção que só pode ser feito no agora, porque mesmo o que você chama de passado só pode ser nomeado e experimentado neste instante presente.

É tão simples, tão óbvio, e parece que você sabe disso há tanto tempo... Entretanto, seu agir definitivo se fragmenta num modelo de tempo a serviço da ilusão.

Medo, limitações, problemas, cérebros e respostas racionais fazem parte do seu esforço para finalmente despertar — agora! Neste instante.

Tudo o que você precisa fazer é demonstrar a presença do Espírito glorioso que é, prestando atenção ao presente, trazendo a sua consciência para viver o único instante verdadeiro, que revela a sua verdadeira identidade.

Medite sobre isso...

Esteja em paz e sem medo de deixar ir o que passou.

Ela estava sensível ao toque, mas não se identificava com o corpo sendo tocado. O sentimento parecia ser compartilhado com a pessoa que fazia a massagem de cura. Uma qualidade de existir de modo interdependente se fazia presente o tempo todo. Sua imaginação estava livre para ser um instrumento da Alma, que a convidava a confiar, sem medo, no toque que cura. Pela primeira vez, sentiu a possibilidade das suas asas.

O seu despertar significa o fim da ilusão.

Agora você está pronta para dar credibilidade à influência que vem da presença de Deus no seu coração.

A sua sensibilidade à matéria não se confundirá mais com a sua identificação com ela.

Ser sensível ao mundo das formas é parte do plano divino; estar identificada com a matéria é apenas o efeito da grande ilusão.

Deus a abençoe, a todo momento, para que você O veja com os seus próprios olhos, para que resgate a sua autoconfiança e perceba a sua unidade comum, como Espírito eterno, que vai florescendo e se multiplicando sobre a Terra.

A credibilidade espiritual de que você precisa não vem de fora de si mesma, nem está colocada externamente em algum símbolo material.

Só você, na unidade do Espírito, pode abençoar toda a vida material, que é feita de filamentos luminosos do Amor de Deus.

Somente você pode ver e afirmar, pelo seu exemplo, que está a serviço da manifestação da consciência divina em todos os átomos da criação.

E é muito simples: basta que você veja e abençoe e agradeça, fazendo plenamente a sua parte, confiando que tudo será curado.

Medite sobre isso...

26

Esteja em paz e sem medo de ser a autoconfiança que Deus deseja.

27

*N*a chamada na sala de aula, seu nome aparecia no final da lista. Aprendeu a esperar para ouvir o seu nome sendo chamado. Nessa espera, acabou compreendendo que estava sendo escolhida pela vida para esperar e prestar atenção e, na hora certa, dizer: "Presente!" Uma decisão consciente de quem escolhe valorizar todo e qualquer chamado.

As bênçãos de Deus recaem sobre aqueles que despertam para o fato de que a Vida que Ele/Ela criou é eterna.

Os muitos que são chamados para participar das potencialidades da Vida se transformam nos poucos que escolhem demonstrar que são capazes de estar conscientes da sua eternidade.

Entretanto, os poucos que escolhem lembrar-se da sua eternidade serão os muitos necessários para iluminar até a última lâmina de grama, na mais distante galáxia.

Você está vivendo um momento sem precedentes em todo o processo da sua história. Tudo o que acontece à sua volta converge para despertá-la do sono que a fez esquecer-se de participar conscientemente da sua própria evolução.

Os muros, as barreiras, as torres que ruem à sua volta devem levá-la de volta a uma nova base.

Você não precisa destruir o mundo que a cerca para perceber isso, mas deve instruir-se com o que acontece.

A aparente desordem é o indício do desdobramento de uma nova ordem universal, há muito esperada.

Que os seus olhos possam ver, e os seus ouvidos, ouvir.

Medite sobre isso...

Esteja em paz e sem medo de ser chamada e escolhida.

Os pássaros cantavam e diziam que o ciclo do novo dia estava para começar. O Sol, em mais uma vez que não se podia contar, surgia com o giro da Terra ao seu redor. Todos os habitantes do Jardim estavam a postos, exceto dois, que ainda dormiam e não percebiam que tudo aguardava o seu despertar. Acorda, José! Acorda, Maria! Vamos começar o dia de quem despertou.

Sentir a sua interligação com a Terra faz parte do seu despertar consciente.

Todo ser vivo sobre a Terra compartilha a mesma energia de vida que lhe dá a sua forma e a sua biologia.

Em você essa energia se revela como o Espírito Eterno de Deus e lhe concede a individualidade que você tanto preza.

Mas há algo novo surgindo, algo nunca antes experimentado; uma epifania que se revela: você começa a despertar e a sentir este planeta como um único organismo vivo, seu corpo, sua Casa.

Você começa a viver a partir dessa percepção, reconhecendo o propósito de estar encarnada numa forma humana que é também divina.

Suas capacidades, que servem à Unidade da Vida Eterna, estão ativadas, e você pode definir a si mesma, não como o pó que retorna ao pó, mas como um Espírito Vivo e orgânico, co-criador de realidades temporais e eternas, que regressa ao Jardim das Delícias.

Seja bem-vinda!

Medite sobre isso...

Esteja em paz e sem medo de regressar ao Jardim das Delícias.

29

Uma palavra dita sem ponderação, e a comunicação clara entre os dois se desfez. Perderam a consciência, momentaneamente, do fluxo de vida, que é um só, fluindo através da sua consciência. Quantas vezes antes, quantas depois isso se repetirá. Mas bastou que apenas um deles lembrasse, em sua Alma, a boa comunicação que queria criar, para descobrir uma maneira de retomar o caminho do bom entendimento. A Alma sempre "interliga" porque estamos todos "intersendo".

A informação que revela e purifica vem da Alma que vibra e ilumina o seu coração.

O coração, então, ilumina a sua mente, e tudo passa a ficar interligado numa rede de Vida abundante.

Se você pudesse ver a si mesma como um ser de energia, veria a beleza luminosa de tudo o que participa da sua identidade integral. Veria os fios luminosos que a ligam a tudo o que existe à sua volta.

Portanto, abra o seu coração para a Alma luminosa que a cada instante nutre a sua consciência com a informação precisa.

Aquiete-se agora para se dar conta disso e para se reconhecer como a filha de Deus que despertou.

Aceite o momento presente exatamente como é e dirija-se a ele com o Espírito da Criança Divina, cujo coração conhece bem o sentido de eternidade; só ela existe no agora e está sempre pronta a levá-la ao Reino dos Céus.

Sinta-se unida ao universo de possibilidades criativas à sua volta.

A presença de Deus circulando em todos os seus sistemas é tudo de que você precisa.

Medite sobre isso...

> Esteja em paz e sem medo de ser um canal para o bom entendimento.

"Todo o mal se desvanece da mente daquele que tem o Sol no coração." Ela dizia mentalmente esse mantra e visualizava uma Luz vibrante no peito. Um calor surgia naturalmente nessa área do seu corpo e curava a dor de se sentir separada e distante do ser amado. Era como se o Sol que brilha num coração aberto abarcasse o seu sistema solar inteiro, sem medo de se sentir separado e distante.

30

Tudo está tão "interligado" no mundo em que você vive!

E, se estivesse continuamente percebendo essa interligação, as vibrações do medo já teriam se dissipado de sua vida.

Quando a percepção disso se torna clara, você recebe no coração a informação precisa de que cada momento presente contém e vê o que motiva ardentemente a sua vida.

Se a sua mente mudar de perspectiva, isso é muito bom; mas o mais importante é que o seu coração esteja aberto para a informação viva que lhe chega do Espírito e a motiva com as vibrações do Amor.

Motivada por ele, você coopera, dialoga, perdoa e percebe, em cada momento vivificado pela presença de Deus na sua consciência, a importância das escolhas que faz.

Um coração aberto ao Amor é a garantia de uma mente iluminada.

Medite sobre isso...

Esteja em paz e sem medo de abrir o coração.

31

Ele se lamentava diante da constatação de que a sabedoria chegava com o amolecimento da carne e a rigidez dos ossos. Sonhava com a descoberta da decodificação dos genes e a possibilidade de desfazer essa limitação milenar, imposta à carne desde a expulsão do Paraíso. Certo dia, por acaso, percebeu que a Vida não amolece nem fica rígida, mas a forma como escolhemos vivê-la em nós é o que nos limita.

Que alegria imensa você sentirá quando começar a ver o seu corpo como um extraordinário instrumento do Espírito, criado com a precisão divina, para que você descubra as maravilhas do mundo que a cerca!

Um corpo criado para que você viva além, muito além do sentimento de "sobrevivência" que tem ocupado tanto a sua atenção.

Você não está aqui para "sobreviver" a um desafio, ou a uma catástrofe, ou ao que quer que tenha sido criado pela vibração do medo. Uma vibração teimosa, que parece ter-se alojado na sua mente e no seu coração por tempo indeterminado.

Mas não precisa ser assim.

Você está aqui para "viver" como um Espírito vibrante e consciente da sua filiação divina.

Desse modo, a sua preocupação com a "sobrevivência" se desfaz, e você percebe que o seu corpo, com as emoções e os pensamentos que o acompanham, foi desenhado para expressar a liberdade do Espírito que você é.

Basta isso para que você acione a transformação necessária e desperte para as vibrações do eterno presente, prestando plena atenção ao que a Vida lhe revela AGORA, neste instante.

Você só precisa prestar atenção ao Espírito luminoso e eterno que é e VIVER por ele e para ele!

Medite sobre isso...

Esteja em paz e sem medo de viver para glorificar o Espírito de Deus em si.

32

Ela fez o pudim e limpou o jardim com a certeza de que era uma transmissora de vida. Ele fez o banco de madeira transmitindo vida a cada gesto. Quem comeu do pudim, passeou pelo jardim e sentou-se no banco sentiu-se mais vivo, com a vida transmitida de consciência em consciência.

Vai chegar um momento em que você vai precisar devolver todos os átomos e células que compõem a sua biologia ao Criador. E se você tivesse de fazer isso neste instante, o que faria?

E se você tivesse de partir agora deste planeta, como um Espírito livre e cocriador das formas que habita? Como faria isso de uma maneira que demonstrasse a apreciação e a gratidão pela vida vivida no seu corpo?

Como você pretende fazer isso de modo que o pó seja devolvido ao pó, conscientemente, e a luz retorne à luz, impecavelmente?

Como você imagina que isso seja possível? Matéria e energia formando uma nova equação, depois da visita do Amor na sua consciência humana?

A possibilidade já está vibrando nos seus átomos e células, antes mesmo de você acordar para a sua integridade como um ser que é simultaneamente humano e divino.

A única coisa que falta é a sua ação consciente, as suas atitudes encarnadas, fazendo que o seu toque seja vivificado pela lembrança da sua unidade com Deus.

Você é uma transmissora de Vida, uma das infinitas mãos de Deus a tocar a Terra, e precisa estar consciente da sua tarefa sagrada.

Medite sobre isso...

Esteja em paz e sem medo de ser uma Transmissora de Vida.

33

Ela sabia que, no estado em que o relacionamento se encontrava, a vulnerabilidade era a sua mais elevada força espiritual. Já não queria mais relacionamentos baseados nos sentimentos de falta, de medo e de pobreza de espírito. Ela queria ficar vulnerável ao Amor e que ele desfizesse as tramas que a impediam de ser naturalmente compassiva consigo mesma e com o outro.

No vasto campo planetário você é como uma célula consciente dos impulsos do Amor, que lhe dá a mobilidade necessária para se relacionar com tudo o que está à sua volta.

Esse Amor está sempre presente e disponível em toda parte.

Você só precisa desenvolver a sensibilidade que vai abrir os seus olhos para vê-lo e os ouvidos para escutá-lo, ficando vulnerável, aberta e clara para as intenções desse Amor em si mesma.

Mas, para que isso aconteça, você vai precisar de novos referenciais perceptivos e despertar para o fato de que o Amor é a energia que dissolve as tramas da ilusão.

Ele está em tudo o que vive e nutre a sua materialidade; ele é tudo o que vibra e lhe concede a sua verdadeira identidade espiritual.

A informação que chega pela via do Amor tem o poder da palavra viva e não exige que você o traduza em conceitos mirabolantes.

O Amor não é um conceito — é a experiência viva da presença de Deus no seu coração; e o seu coração é tão vasto quanto aquilo que do Amor abarca.

Medite sobre isso...

Esteja em paz e sem medo de ficar vulnerável ao Amor.

34

Era uma vez uma pessoa com um medo inexplicável de nadar no mar. Acreditava que jamais entraria num barco, ou faria a travessia de um oceano. As águas profundas mexiam com a sua cabeça e afetavam o seu coração. Um dia o seu coração foi inundado de Amor por alguém que morava numa ilha. Sua cabeça se rendeu, e, juntos, de corpo inteiro, foram levados pelo Anjo para além do continente conhecido.

Quando você desperta para o Amor no vasto campo planetário, o planeta Terra também desperta junto com você.

Se você é como uma célula humana consciente do impulso do Amor, verá que ele lhe dá toda a mobilidade necessária para abarcar tudo que está à sua volta.

A Vida que pulsa no seu coração é profundamente inteligente e tem planos extraordinários de levá-la a conhecer a perfeição do seu próprio desenho. O seu poder lhe é dado pelo Deus vivo, aquele que está sempre disponível, vivendo com essa Vida dentro e fora de você.

Você é Vida em abundância!

Por isso entregue os seus medos e as suas limitações, ou qualquer que sejam as ilusões que impedem a sua visão da realidade, ao Deus de Amor que motiva a sua existência.

É por ele que você vive, mesmo que não saiba disso; e, quando Ele nasce definitivamente no seu coração, tudo será novo para os seus olhos.

E, nesse vasto campo planetário, esteja sempre pronta a nos convidar, os Anjos de Deus, para transformar e revolucionar a sua vida.

O nosso Reino é vizinho ao seu, e podemos trazer e levar as mensagens que a aproximam ainda mais do Eterno Ser Amado.

Medite sobre isso...

Esteja em paz e sem medo de pedir ajuda aos Anjos de Deus.

Ela escreveu o número 8, correspondente ao tempo que ficara vivendo naquela comunidade. Lembrou-se do símbolo do infinito — parecia ter vivido um tempo além da cronologia. Uma volta da figura para o passado, a outra para o futuro; o presente, no ponto de encontro em que as linhas se cruzam — o único tempo em que qualquer ação pode ocorrer. Ela decidiu concentrar-se naquele ponto da figura do infinito.

Para dissolver qualquer medo, você precisa conscientizar-se do poder do Espírito de Amor e Luz na sua vida.

Ele protege o seu coração ao fluir e revela os caminhos a serem seguidos.

Escolha o melhor caminho, aquele cuja indicação seja: "liberte-se do que já passou".

O seu coração vibrante e a sua mente clara só podem ser verdadeiramente conhecidos e experimentados se você estiver totalmente no presente.

Esteja no presente, que não nega o passado nem o futuro, mas demonstra que eles só são possíveis e viáveis neste eterno agora.

É tão simples e tão óbvio que faz o seu intelecto duvidar; você se sente como se estivesse escutando pela milésima vez esse mesmo convite.

Aceite-o, definitivamente.

Descontraia os pensamentos, relaxe as emoções, respire profundamente na presença do Espírito de Amor e Luz que você é e deixe que ele perceba, compreenda, defina e solucione qualquer que seja o medo ou o peso no seu coração.

Medite sobre isso...

> 35
>
> *Esteja em paz e sem medo de estar livre do que já passou.*

36

O tempo passou de um jeito diferente. E a jovem se deu conta de que há um grande mistério regendo as ocorrências que mudam, definitivamente, a sua vida. Ela percebeu o quanto é amparada e amada, enquanto esse processo misterioso vai definindo quem ela é.

Se o Sol que a ilumina hoje vai viver uma transformação importante em 5 bilhões de anos, saiba que isso já afeta a sua vida hoje. O que acontecerá no futuro já está semeado na sua vida agora.

Toda a criação universal já sente esse fato nos seus átomos e células: a Luz que lhe dá a vida já lhe comunicou o quanto é importante a sua presença neste mundo.

Tudo o que você precisa fazer para participar dessa transformação solar é mudar o eixo da sua motivação, que gira em torno das vibrações do medo, para uma rotação que vibra no Amor.

Em 5 bilhões de anos solares você pode participar de muitas descobertas e antes que a luz do Sol se apague, você terá tido "tempo" de fazer a sua parte na sua missão cósmica.

Jamais tema a solidão, pois você só conhece o desamparo quando se imagina como um ser exclusivamente material ou separado da sua essência divina.

Foram as vibrações do medo que a iludiram quanto a quem verdadeiramente você é. Vibrações úteis para a sua sobrevivência na forma, mas desnecessárias quando você se lembra da sua origem divina.

Não deixe que o medo esvazie o verdadeiro conteúdo da sua existência.

Você é um espírito radiante de Amor e Luz vivendo numa forma humana cuja materialidade é pura energia, pura vibração de Amor.

Medite sobre isso...

Esteja em paz e sem medo de sentir o tempo passar.

37

Era noite de lua cheia. Ele estava a 2 mil metros de altitude numa montanha distante. Havia chovido, e infinitas gotículas se assentavam na vegetação à sua volta. Deu-se conta, ao olhar cada gotícula, de que a lua cheia ali se refletia. Naquele instante, compreendeu por que é possível para o Ser de Deus estar refletido em todas as criaturas e, ao mesmo tempo, ser Um.

Você tem um "eu" que reflete a si mesmo e um "eu" que reflete a sua integridade como representante do Espírito Eterno de Deus. Qual o "eu" que você escolhe ser neste momento?

Você é livre para escolher, e livremente atrairá os relacionamentos e descobertas que resultam da sua escolha. Os olhos do "eu" que você escolhe ser verão o mundo da sua perspectiva.

Um pássaro canta para saudar a Deus com o seu canto. E você, a quem saúda quando fala? De quem você se lembra? O que você quer comunicar?

Você é uma representante "pessoal" de Deus, assim como o pássaro é um representante animal de Deus; uma planta é um representante vegetal, e uma pedra um representante mineral da divindade.

Sua presença não é algo nebuloso e distante, pois você vem dotada do poder da compreensão e é uma co-criadora que pode ver pelos olhos de Deus, agir com o Seu entusiasmo.

O que você escolhe fazer agora? O que decide fazer com a energia divina que a vivifica? Que tal recuperar a sua inocência perdida?

Você não gostaria de lembrar para não mais esquecer? Eis o dom da inocência: ver a vida com os olhos de Deus e se lembrar do glorioso Espírito que você é.

Medite sobre isso...

Esteja em paz e sem medo de ser uma representante pessoal de Deus.

38

Ela tinha medo de dizer a verdade e se calou. A verdade que está além do medo acabou falando por si mesma quando, no seu corpo, a doença apareceu. A dor sentida, a ferida que se abriu fez que gritasse aos quatro ventos que não podia mais ter medo de dizer a verdade. Ela disse a verdade e se libertou.

❦

Qualquer que seja o nome do medo que você sente, saiba que precisa reconhecê-lo e afirmar a sua presença.

Quando você o sente, estará fazendo isso não só por você mesma, mas pela humanidade inteira. O medo que você identifica não é exclusivamente seu; ele é do mundo e da vida como um todo.

Quando as vibrações do Amor desabrocham no seu coração, você sente a presença de uma vasta inteligência que a tudo organiza e a ajuda a definir sua verdadeira identidade: Você finalmente vê, percebe com uma clareza transformadora.

As vibrações do medo se dissolvem, e, juntamente com elas, o peso da depressão e do desespero.

Você é o que é, pelos desígnios do Espírito de Deus, que a tornam livre, e não pelas leis da matéria, que a limitam no tempo e no espaço.

Consciente dessa identidade, você poderá respeitar a sua dor e participar conscientemente da transmutação e cura dos medos do mundo.

Esse é o seu mais nobre ato de coragem — a ação inteligente de um coração que pode e decide amar.

Medite sobre isso...

Esteja em paz e sem medo de transformar os medos do mundo.

❦

39

Depois que a Terra foi vista do espaço, como uma Mãe esférica que gira em torno de outras esferas, quem pode reclamá-la para si? Somos donos dela, ou é ela que nos acolhe em suas entranhas? Quem é o dono da Mãe-Terra? Guerreiros e guerreiras que se acreditam órfãos e desconectados do Amor? Não estaria na hora de acordar e encerrar as disputas engendradas em mentes débeis e que ainda acreditam ser donas de uma Terra plana? Não estaria na hora de viver numa Terra plena?

O que será da guerreira quando não houver mais necessidade de lutar?

O que fará quando o ego deixar de ser o oponente e passar a ser o parceiro cooperativo, que já não precisa estar no comando para definir a sua percepção da realidade? Nem mais será ele o que define a sua verdadeira identidade.

O que será da guerreira quando a luta entre o bem e o mal se transformar num exercício de síntese e interdependência, na revelação de atos de coerência?

Você pode parar de lutar contra algo ou alguém e começar a usar a sua energia para co-criar a realidade que beneficia o Todo circundante.

Quando você ganha uma guerra, alguém perde a paz, e pode ser você mesma.

O paradigma da guerra está chegando ao fim. Os que acreditam nele ainda não sentiram a dor profunda da própria orfandade, nem viram com clareza qual o serviço que a sua Alma veio realizar.

A guerreira só precisa resgatar a criança órfã do seu abandono e servi-la com a bondade de um coração iluminado.

Mas se você, ainda assim, quiser vestir o seu traje de guerreira, que seja para desmantelar as armas que ferem o seu sentido de Unidade com a Vida.

Medite sobre isso...

Esteja em paz e sem medo de se desarmar.

Conta-se que num barco, durante uma perigosa travessia, as pessoas estavam amedrontadas e muito inseguras quanto a conseguir chegar do outro lado. Mas havia uma, apenas uma pessoa, que estava em paz e certa de que chegaria. Eles conseguiram. Uma pessoa em paz bastou para que todas chegassem ao fim da travessia.

A extinção não precisa chegar para as espécies que vivem na biosfera da Terra.

O que precisa ser extinto são as idéias que distorcem a sua percepção e levam-na a acreditar numa realidade ilusória.

A avareza é uma idéia ilusória, assim como a violência e a desonestidade. Veja como essas idéias começam a ser removidas dos seus lugares; veja como os "pseudopoderosos" são purificados nas suas posições.

Os ciclos da inconsciência estão se fechando, e novos ciclos de conscientização se iniciam e desabrocham no solo purificado pela revelação da verdade.

Quando todas as idéias que criam o sentido de guerra e de segregação estiverem extintas, você verá que velhos hábitos serão esquecidos, e uma nova geração de despertos exercerá o direito divino de viver em paz.

Esse direito é seu hoje; você já pode fazer algo com ele.

Medite sobre isso...

Esteja em paz e sem medo de ser um instrumento da Paz de Deus.

O homem comeu o pêssego e cuspiu a semente no chão. Nasceu um pessegueiro no fundo do seu quintal. Mais tarde vieram os frutos para o homem e para os pássaros que visitavam o pessegueiro durante a estação. Nada foi imediato, mas as flores e os frutos vieram, assim como os pássaros e os insetos e tudo o que pode vir com um belo pessegueiro, que se plantou sem querer, pelo hábito de cuspir sementes no chão.

O que você faz pode estar criando vida ou privando outros seres do direito a ela. Que consciência você tem disso neste instante? Como você se sente como parte da teia da vida?

Imagine como você se sentiria se, de repente, fosse levada a um lugar onde a rede que a protege de colher aquilo que semeia instantaneamente fosse removida?

E se o que você fizesse afetasse imediatamente a sua própria existência?

Um gesto, e você sentiria a resposta na pele. Uma escolha, e sentiria a resposta simultânea no coração. Um respirar, e você saberia a qualidade do alento da vida nos seus pulmões. Essa é a realidade da vida, mesmo que você ainda não possa ver ou compreender.

Mas o amor de Deus por você é tão imenso, tão imenso que a protege de saber, de imediato, quais as conseqüências dos seus atos.

Você não precisa perecer com os seus hábitos e ações se eles forem destrutivos. Que os hábitos pereçam. Vida eterna para você!

Se escolher estar em harmonia com as intenções da Alma que vibra no seu coração, somente as vibrações do amor atrairão a sua atenção, e você será uma eterna transmissora de vida. Seu desafio é aprender a prestar atenção e se transformar em alguém que, finalmente, despertou!

Medite sobre isso...

Esteja em paz e sem medo de mudar hábitos que precisam ser mudados.

*N*a história infantil, teve acesso à fonte de água pura o filho do rei que beijou a mulher feia e cheia de verrugas. No conto, ela estava disfarçada pelo encanto de uma aparência que afastava da fonte sedentos buscadores. O filho mais jovem do rei decidiu que, se tinha de abraçá-la para ter a água, por que não beijá-la também? E o beijo transformou-a no que ela era de verdade — a bela princesa guardiã da fonte da água da vida.

O mais verdadeiro sentimento de reverência que você pode expressar é o de ver o Espírito de Deus presente em todas as criaturas.

Doe livremente esse sentimento ao olhar para uma criança, para uma flor, para o seu bichinho de estimação, enfim, para o que quer que se apresente diante de você.

Ofereça a sua percepção mais abrangente e sinta a presença do que é sagrado em tudo, sem abstrações, mas com profunda alegria.

Ao honrar a presença de cada um que se apresente na sua vida, estará honrando a presença luminosa do Espírito de Deus.

Há muito mais Luz hoje para que você veja os detalhes e sinta as vibrações do Amor. Há muito mais para você aprender a ver.

A Luz do Mundo está encarnada e pronta para nascer no seu coração; por causa dela você verá cristalinamente e se alegrará diante das maravilhas que esperam o seu reconhecimento.

Medite sobre isso...

Esteja em paz e sem medo de ver além das aparências.

A primeira parte da Ave-Maria é a saudação do Anjo Gabriel a Maria, mãe de Jesus. Essa saudação pode continuar vibrando na consciência de cada ser humano que se disponha a abrir o coração e a mente para o Anjo da Anunciação. Ao dizê-la, temos a permissão do Anjo para anunciar a vinda de mais uma grande Luz ao Mundo. Maria e os Anjos se rejubilam cada vez que o fazemos.

Ciclicamente regressamos para co-criar o Céu na Terra com você.

Nossa presença é sentida de muitas maneiras, e a força da nossa reputação, quando chega, influencia a arte, o pensamento e a teia de relacionamentos entre os seres humanos e a Natureza.

Somos sempre bem-vindos na sua consciência, e os testemunhos vividos pelos que abrem os olhos para ver e os ouvidos para ouvir retratam a essência do que temos a ensinar.

Somos a vibração de Amor que dissolve o medo de ser.

Somos o testemunho da presença de Deus nos universos criados.

Somos Mensageiros do Eterno e encarnamos em cada consciência que desperta.

Ajudamos a mudar as tradições no tempo certo e na justa medida, para que cada um possa experimentar, direta e intransferivelmente, a presença do espírito eterno de Deus no seu coração.

Medite sobre isso...

Esteja em paz e sem medo despertar com os Anjos.

A menina dançou com a beleza ao soltar-se no ritmo da música, ao desenhar com gestos as formas da sua liberdade de existir num corpo que não a limitava. Por um instante, todos os que a viram sentiram a mesma sensação de liberdade e leveza, orquestrados pela certeza de formarem um só corpo, um só espírito dançante. Todos concordaram que uma epifania estava sendo compartilhada, na visão daquela pequena bailarina voadora.

Você precisa se lembrar dos caminhos que levam a sua razão a estar em sintonia com a Inteligência do Amor.

A razão humana ainda tem respondido com muita propriedade às vibrações do medo. Por que tanta eficiência em encontrar meios e formas de servi-lo?

Conceitos e formas transitórias ganham muito espaço na sua consciência, levando-a a esquecer que, embora sejam muitas as formas, o Espírito é um só.

Sua expressão se multiplica sem limites; sua diversidade é estonteante em manifestar beleza e dinamismo. Você é uma agente dessa beleza, uma instrutora da qualidade de consciência que precisa encarnar, o elo que faz matéria e espírito dançarem a dança da unidade.

A inteligência do Amor lhe diz que a Vida se expressa de formas variadas, mas tudo não passa de diferenciações do mesmo e único Espírito.

Desperte para ser uma pessoa consciente do fluir da Vida Abundante através de si. Desperte para ser a pessoa através da qual Deus participa de Suas criações.

Medite sobre isso...

Esteja em paz e sem medo de ser um agente da beleza de Deus.

Ela decidiu seguir o conselho de um autor que, em seu livro, sugeria que não desfizesse os castelos que havia construído no ar. Que eles permanecessem onde estavam. Só precisava que ela construísse as fundações sob eles. E, assim, ela pediu ajuda e recebeu a resposta de como criar essas fundações. O primeiro passo era libertar-se da culpa de tê-los criado. Depois, era só reconhecer que ela os merecia, com fundações.

Você pensa um pensamento puro e claro e, de repente, entra em seu campo de visão a memória subjetiva de algo que não pertence a esse pensamento, a ele se associa, e você teme.

Isso que não pertence ao pensamento é a vibração do medo que o tinge com as cores da dúvida e a leva a crer que não é mais capaz de ver aquilo que é, simplesmente, sem acréscimos desnecessários.

Um tecido de subjetividade, que pode ser um julgamento ou uma crítica, ou uma associação comparativa com algo passado, reveste a nudez da sua percepção clara.

Se você puder ver o que está ali e não confundi-lo com o que o medo acrescentou, ou com as subjetividades que foram adicionadas, então a sua percepção do mundo estará servindo à necessidade do Todo.

Você estará deixando que a inteligência do Amor purifique a sua razão e voltará a ser capaz de pensar com a pureza de uma criança e a usar conceitos e fórmulas só enquanto forem necessários.

Sintonize o seu corpo e a sua mente com as novas freqüências que trazem Vida e Amor em abundância. Elas estão sempre disponíveis. Peça-as e as receberá. Essa é uma promessa pessoal da divindade para você. A nova maneira de ver o mundo já pode ser sua.

Medite sobre isso...

Esteja em paz e sem medo de pedir e receber.

A sinceridade com que ele se dispunha a ser útil para os outros e servi-los, sem grandes complicações e pesos indevidos, atraía a mais bela compensação: ele mesmo era profundamente ajudado. Sua atitude era uma forma natural de escolha, aquela que atrai os Anjos e afasta o indesejável.

Sua cooperação para conosco terá de ser sempre voluntária. Você é quem escolhe os momentos em que quer criar sintonia com a nossa consciência alada.

Podemos chegar até você de muitas maneiras, e você saberá da nossa presença quando notar mais luminosidade e leveza na sua vida.

Não tema nada que possa ser considerado um mal hoje. No seu mundo, o bem e o mal são facetas de um mesmo corpo.

Quando você o fragmenta, atrai para si as vibrações do medo, que nada mais são que reações instintivas criadas para proteger a sua biologia.

Quando você sente a nossa presença, sabe, intuitivamente, que o seu ser essencial é indestrutível, não pode ser ameaçado por qualquer que seja o mal que a separe da sua bondade integral.

Não resista ao mal, pois isso dá mais força ao sentido de separatividade. Seja o bem com todas as suas forças, com toda a sua atenção enfocada na benevolência de um Universo criado pelo Amor.

Seja integralmente você e verá que os contrastes da dualidade lhe levarão à síntese que você conhece e experimenta quando decide amar.

Nós, os Anjos, estamos sempre por perto, respondendo ao seu convite.

Medite sobre isso...

46

Esteja em paz e sem medo de invocar a presença dos Anjos de Deus.

A jovem percebeu que, quanto mais persistia em fazer o melhor, mais fácil se tornava fazê-lo. Sua atenção se voltava não para mudar a natureza essencial de qualquer tarefa a ser assumida, mas para aumentar o seu poder de ser perseverante e modesta. Sua capacidade de "fazer as coisas acontecerem com a Alma" ia se tornando algo muito natural na sua vida.

Imagine que você é uma criança num balanço. Queremos impulsioná-la e o faremos usando uma força adequada.

Nosso empurrão é suave; sintonizamos com o mais sutil movimento do seu balançar e, gentilmente, vibramos com os ciclos de cada uma das suas muitas expansões.

Ajudamos você a se lembrar de cada impulso e a aumentar, cada vez mais, a sua capacidade de ir e vir, de perseverar, conscientemente, no balanço da Vida.

O seu balanço vai e vem, até que você desperta para o poder de co-criar o seu próprio e único movimento.

Você vai e vem, com a consciência cada vez mais expandida, com a capacidade de perceber mais e de compreender os mistérios da Vida na velocidade da Luz que a cria.

Tudo vibra no universo, e conhecemos bem cada vibração. Nossa tarefa é adicionar a cada uma, compassivamente, o movimento alado que cria a verdadeira ressonância e leva o seu coração a lembrar e a cumprir o seu destino humano e divino.

Nesse relacionamento, você evolui como criança divina, e nós encarnamos para ver, através dos seus olhos, a grandiosidade e a beleza de Deus.

Nossa parceria não tem fim.

Medite sobre isso...

Esteja em paz e sem medo de perseverar na direção do seu destino humano e divino.

𝓔le tinha a coragem de escutar os ecos da bondade que soavam dentro de si mesmo e de agir em resposta a essa escuta. Ele não se assustava diante da realidade que afirmava a sua herança divina, nem diante das capacidades de que era dotado. Ele não tinha medo de ser bom.

48

Existem dois grupos de jogadores no Jogo da Vida.

De um lado, estão os que olham para a realidade do que acontece na Terra e dizem: "Não há esperança. O que fazer com uma humanidade que só pensa na guerra e na destruição? O que fazer com a sua avareza e apego ao que é exclusivamente material? O que fazer diante de tanto egoísmo, violência e insensibilidade?"

Esses jogadores, embora fortes, logo se desvitalizam e perdem contato com a sua Essência.

Do outro lado estão os jogadores que olham para a mesma realidade e dizem: "Onde há fé, há esperança. As escolhas feitas pela humanidade hoje a ensinam continuamente a chegar ao seu destino, na alegria e na tristeza, na saúde e na doença, na dor e no prazer, na vida e na morte.

"Dessa forma construímos conscientemente a nossa sensibilidade e iluminamos o egoísmo, que se dissolve em atos de compassiva cooperação. Somos essencialmente bons."

Esses jogadores preservam sua força vital e podem sempre renová-la, doando-a no próprio processo do jogo.

Seres humanos e seres alados estão juntos no mesmo tabuleiro, num único Jogo da Vida.

Quem vence vence por todos e para todos a única Vitória — a dos que cooperam e co-criam numa parceria consciente.

O jogo não tem fim para quem coopera com a Vida Abundante, e o deleite final não é vencer, mas participar da eterna co-criação do Plano Divino sobre a Terra.

Medite sobre isso...

Esteja em paz e sem medo de ser uma vencedora no Jogo da Vida.

Existem duas maneiras de transmitir a luz — ser a própria luz ou um espelho que a reflete. O mesmo se pode dizer da paz, ou de qualquer outra qualidade que se queira manifestar no mundo. Enquanto aquela mulher não se sentia segura de ser a própria paz, ela caminhou pelo mundo pedindo para ser um espelho no qual a paz de Deus podia se refletir.

Quão duradouro e resistente é o seu compromisso com a Paz?

Quando será que, por reverenciar e amar a Deus, todos serão UM só Ser, agindo numa única sintonia, pelo benefício comum de tudo o que vibra e vive?

Isoladamente, um ser humano não pode fazer muito com o seu poder de ser divino.

Mas, se estiver unido a dois ou mais em nome do verdadeiro e eterno Amor, nada impedirá a plena manifestação de Vida e Paz em abundância.

Você sabe dessas coisas há muito tempo!

Faça algo agora que signifique a sua justa e necessária lembrança.

Não precisa ser um ato grandioso, nem visível para muitos. Basta que seja o calar de um pensamento beligerante.

A duração dessa escolha será eterna, o momento é agora, e você nunca esteve sozinha.

Que a Paz esteja com você, e que o Amor unifique as suas intenções.

Medite sobre isso...

Esteja em paz e sem medo de afirmar o seu compromisso com ela agora.

Ele compreendeu que não era só um ser humano numa jornada espiritual. Finalmente, compreendeu que era um ser espiritual numa jornada humano-divina.

Há mais de 2 mil anos vem sendo criado na Terra o contexto no qual as doenças do medo e da guerra podem ser inteiramente curadas.

Houve chamados, e muitos os têm escutado.

O poder da compaixão e o poder de amar e perdoar uns aos outros, desde então, têm sido experimentados por hostes anônimas na fraternidade de Anjos e de seres humanos.

Se não fosse assim, talvez a sua espécie já não mais existisse. Talvez os seus ossos não mais sustentassem a sua forma completa, templo do seu Espírito.

Os que vibram com os acordes discordantes do ódio e da guerra ainda não abriram os olhos e o coração para ver o Espírito de Amor e Luz operando em si as maravilhas prometidas; permanecem fechados na percepção exclusiva do ego humano.

Eles lutam por um amor e uma justiça vistos como algo externo a si mesmos, sem saber que ambos já se encontram dentro deles.

O seu despertar é como um nascimento na dor da matéria, privada do seu acesso à Luz, pois, sempre que se tenta separar o Espírito da matéria, dói.

Você já entendeu a equação, mas por que tem esquecido de pô-la em prática?

Medite sobre isso...

Esteja em paz e sem medo de praticar o que já compreendeu.

Ela tinha dezessete anos; ele também. O encontro, a paixão, os hormônios juvenis atiçados no desejo de experimentar prazeres desconhecidos. A gravidez e o nascimento de um filho, o casamento justificado. Seguem-se as descobertas de quem não se conhecia e passa a se conhecer. O gosto daquele relacionamento, visto de perto, para os sentidos humanos não era bom; quantos defeitos, quantas angústias; não imaginavam que seria assim. A separação, o desalento, o filho no meio do caminho entre pai e mãe.

Eis um quadro pintado no corpo da humanidade com certa freqüência, mas nem sempre na freqüência vibratória do Amor.

Se você tem dezessete anos, ou qualquer que seja a sua idade, veja o que está escolhendo **hoje** que pode resultar numa experiência que não seja do seu inteiro agrado **amanhã**.

O mais importante, entretanto, é que você aprenda a ser humana e divina com as suas escolhas: as que lhe agradam e as que lhe desagradam.

Sua Alma soberana está sempre com você, na alegria e na tristeza, na saúde e na doença, sua parceira interior e eterna.

Esse Anjo que a guarda também; mas sem interferir no seu poder de escolher.

A escolha é um dom divino que só a humanidade pode estar consciente de que possui.

Faça as suas escolhas com a Alma, não importa a sua idade.

Podemos protegê-la de ver as dimensões do seu desamparo; mas não podemos protegê-la dos efeitos das suas escolhas.

Medite sobre isso...

Esteja em paz e sem medo de fazer escolhas conscientes.

*D*epois da experiência desagradável, ela aprendeu que "saber" não é suficiente; é preciso "aplicar" o que se sabe. Desejava muito que acontecesse; mas, "desejar" não foi suficiente; era preciso agir. Afinal, a sua consciência se iluminou e ela pôde ver, sem medo, o jogo de sombra e de luz de uma perspectiva correta.

52

Os desafios que se tornam transparentes ao mundo são reflexos da energia vibratória do Amor, que a tudo revela neste instante.

A luz do Amor torna ainda mais visíveis os contornos da sombra e faz que você veja que ela não existiria sem a sua presença.

Se você olhar para a sombra com os olhos da Alma, verá a fragilidade dos seus contornos, a fraqueza da sua mobilidade.

Mas, se você a olha com os olhos do ego, ela ganha peso e densidade.

O que importa de verdade é que, se a sombra se mostra ou se você a vê, é porque chegou o momento de transformá-la.

Sua escolha mais sábia, neste instante, é deixar de ser um obstáculo entre a sombra e a Luz que vai iluminá-la.

Nenhuma resistência é necessária, pois a Luz está presente em todas as direções, abarcando todos os ângulos, basta que você saia da frente e deixe-a iluminar o ângulo que você escolheu.

Tudo o que for feito de sombra se dissolverá como a névoa que se rende ao calor de um dia de sol.

Medite sobre isso...

Esteja em paz e sem medo de ser uma luz na escuridão.

O homem que trabalhava de cozinheiro naquele dia ofereceu a sua presença atenta e amorosa como parte dos ingredientes do que ia preparar. Era a dádiva mais preciosa que ele podia oferecer. Não só as pessoas se beneficiaram do que comeram; o que foi ingerido estava muito mais livre para ser transformado num alimento vivo, com o poder de curar.

53

A luz que pode fluir através de suas mãos quando você se torna um instrumento da cura divina é abençoada por nós.

Somos mensageiros da fluência de bênçãos que encontram expressão na Terra cada vez que você sintoniza a Fonte Universal de Energias perenes, uma dádiva de Deus.

É tão simples quanto o ato de respirar: você inspira a Luz abundante do Espírito e expira através das mãos e do corpo inteiro essa mesma Luz, para curar ou abençoar.

Ao fazer assim, o seu ser inteiro também se beneficia, sem precisar pedir nada para si, pois tudo lhe está sendo dado.

Quanto mais simples e mais singelo for o seu gesto, mais abundante será a fluência da Luz do Amor que cura e transforma.

Você participa como o observador que deixa a sua Alma ser o instrumento de ligação entre a dádiva que se derrama e aquele que está receptivo para recebê-la.

Seja, assim, um instrumento da cura de Deus, para sarar o mundo de suas feridas.

Medite sobre isso...

Esteja em paz e sem medo de ser um instrumento da cura de Deus.

A sua modéstia a levava a dizer que talvez ela fosse necessária naquele lugar; talvez não fosse. De qualquer modo, ela circulava por ali com um sorriso no rosto, certa de que um sorriso poderia ser tudo de que precisavam. Ela sabia que sorrir com o poder da Alma poderia ser tão vasto quanto a eternidade.

Quando o seu coração fica leve e você sente a nossa presença permeando a esfera da sua consciência, você passa a saber que as possibilidades de criar e transformar realidades são infinitas.

Somente o ser humano pode experimentar, conscientemente, o equilíbrio entre a energia e a matéria, que se relacionam para construir o corpo, no qual o Espírito vive.

E eis que esse Espírito encarnado expressa a perfeita sintonia entre Amor e Verdade, relativo e absoluto, material e imaterial...

São essas polaridades criativas que se relacionam e se complementam e, continuamente, transformam a realidade em que você vive.

Consciente dessas polaridades em si, você pode transformar, a cada instante, tudo o que percebe.

Note que na qualidade da própria matéria está a energia que pode desvendar qualquer enigma a ser resolvido.

Olhe para o seu próprio corpo e perceba que você é o Espírito que nele vive.

Inspire o Amor, que é a substância nutridora de sua existência, e expire a Verdade do Espírito de Deus, que a criou e a tudo que se pode chamar de realidade.

Acorde, pois você está criando esses relacionamentos incessantemente; eles lhe dão a sua identidade humana, aquela que aceitou a encarnação da divindade em si. Deleite-se com a vastidão do Cosmos na unidade do Espírito.

Medite sobre isso...

Esteja em paz e sem medo da sua vastidão e eternidade.

Os seres sábios dizem que a visão fica mais clara quando olhamos para dentro do próprio coração. Se olhamos apenas para fora, permanecemos num estado de sono sem sonhos. Se olhamos para dentro, despertamos. Como seres despertos, vemos "dentro" e "fora", segundo a voz e a sabedoria do coração.

Tudo o que você pensa, sente e faz está interligado no corpo coletivo do qual participa.

Você tem o poder de criar a realidade que você quer ver, pois ela já existe em cada pensamento que você pensa, em cada sentimento que sente e em cada ação e reação que experimenta na sua vida.

Quando se pergunta: "Por que isso está acontecendo comigo?", saiba que não há nada que acontece a você isoladamente. Por mais estranho que possa parecer agora, toda a humanidade participa disso, no mesmo instante, num só corpo.

Só a sua identidade, quando centrada no ego, é que a leva a sentir-se sozinha e como se só você estivesse sofrendo o impacto desse acontecimento. Isso pode levá-la a ter medo de abrir os olhos para ver a realidade verdadeira.

Mas nós sentimos junto com você, nós sabemos o que você sente, e, se você nos invocar, estaremos ao seu lado para acionar as potencialidades cósmicas da Luz que liberta e cura.

Basta que você queira, verdadeiramente, ver — com os olhos da Alma — o quadro total no qual está inserida.

Você não está e nunca esteve sozinha. Peça, e nós responderemos ao chamado da sua Alma.

Medite sobre isso...

Esteja em paz e sem medo de ampliar a sua visão.

Movida pela razão, uma nova direção se faz necessária, onde não há caminho. Mas a razão pode criar uma trilha. Isso não é próprio da razão de quem quer ter sempre razão. Mas é comum em quem deixa a razão livre para ser ela mesma. Depois, é só seguir.

As palavras e os conceitos não são entidades absolutas. Por isso, não se deixe aprisionar nos seus próprios conceitos, pois são falíveis e ilusórios. Eles podem criar em você o medo de perder o contato com a razão.

Conceitos e palavras nem sempre traduzem bem a realidade que representam.

Imagine a água expressa em inglês pela palavra water, em alemão por wasser, em russo por voda, em tupi-guarani por ig, e verá que, qualquer que seja o idioma, a palavra nunca poderá ser confundida com a realidade do que é ser água.

E, quando você bebe a água, sente a água, se banha na "realidade da água", ela poderia ter qualquer nome, qualquer conceito ou definição, mas continuará sendo "o que ela é", além do nome ou da palavra que a define.

Embora sejam muito necessárias para a aprendizagem que você faz agora, as palavras nem sempre expressam com precisão os níveis de percepção vibratória que a experiência direta e intransferível da realidade da água representa.

A palavra não é a coisa. "Aquilo que é" está além da palavra.

Há experiências que só são compreensíveis na linguagem universal da Luz, aquela que os Anjos estão a lhe ensinar.

E a melhor tradução está no coração silencioso de quem ama e o demonstra em gestos e ações que fazem a diferença. A sua razão irá concordar.

Medite sobre isso...

56

Esteja em paz e sem medo de perder o contato com a razão.

127

𝒬uando ele percebeu que todos os seus dons são dádivas divinas, o que de melhor poderia fazer para dar sentido a sua vida senão manifestá-los? Não seria essa a melhor maneira de se sentir parte do Reino de Deus?

O poder do Deus vivo está sempre pronto para fluir através da sua consciência.

É a esse poder que você entrega os seus medos e, desse modo, torna-se inteira, desperta, revigorada e uma autêntica transmissora de Vida em abundância.

Você está circundada da mais pura e profunda inteligência, pois tudo o que vive e vibra ao seu redor participa da Vida única de Deus.

Ao perceber e aceitar essa realidade na sua mente e no seu coração, você conhecerá o que chama de Reino dos Céus.

Essa percepção que vem de dentro de si mesma e vibra em sintonia com o seu Espírito é que vai curar as distorções perceptivas, caso você tenha delegado a outros a sua capacidade de ver com clareza.

Ninguém pode ver por você o que só você pode e precisa ver.

Com os olhos abertos, a mente clara e o coração sensível, só você poderá discernir a verdade que vibra em sintonia com a sua Alma.

E somente o que é visto com a Alma tem a perspectiva da totalidade, além do tempo e do espaço, pois a escolha é ver com os olhos do Amor.

Medite sobre isso...

> Esteja em paz e sem medo de conhecer o Reino dos Céus.

Havia momentos em que, inexplicavelmente, ela se sentia como uma estranha em sua própria terra. A estranheza ficava por conta do sentimento de saber que esquecera algo muito importante. Mas quando se lembrava dos vastos espaços e de um amor que simplifica a vida e acalma a mente, a sensação de exílio se desmanchava.

Parece ter sido uma longa viagem.

Seria o fim da viagem estar nesse corpo material que a define como um ser humano?

Você não se lembra de toda a trajetória, pois no processo de se transformar num ser humano você foi se esquecendo da sua face original.

Do que você se lembra? O que você esqueceu?

Você reconhece que há momentos em que se sente só, com vontade de voltar para Casa? Voltar para algum lugar que você não sabe exatamente onde é?

Você, às vezes, sente que tudo à sua volta parece muito estranho, pesado, sem sentido?

O seu desafio é despertar aí mesmo onde está, nos campos da matéria, nas vibrações da densidade; sua missão é embelezar cada átomo, cada célula, iluminando-os, falando-lhes da sua participação no ser de Deus.

Eis o fim dessa viagem — a sua completa encarnação, o Espírito que desperta na forma e se eleva, espalhando a dádiva da sua filiação divina pelo espaço infinito.

Estamos aqui para lembrá-la da sua tarefa co-criadora, pois é do seu inteiro agrado e deleite que assim seja.

Medite sobre isso...

Esteja em paz e sem medo de regressar ao seu verdadeiro lar.

O jardineiro intuiu que estava na hora de podar a roseira. Podou-a com maestria. Essa intuição estava tão alinhada com os ritmos cósmicos das roseiras, onde quer que existissem, que uma abundância de flores nunca vista brotou de novos galhos. A intuição o educava na arte de ver o invisível.

Quando a intuição é o que guia os seus pensamentos, toda a ansiedade, tensão e medo se dissolvem.

Intuir é mais do que pensar, é mais do que sentir. Intuir é ser capaz de saber com o coração, pois não há tempo para duvidar ou separar a ação do sentimento nem do pensamento.

Pensar positivamente não basta: é preciso sentir positivamente, agir com positividade. Desse modo, o circuito para a fluência da intuição fica completo.

Você tem toda a capacidade de perceber que pensamentos e sentimentos lhe causam tensão e ansiedade; só você pode "escolher" soltá-los, liberá-los na presença do Amor de Deus, que flui como uma energia poderosa através da sua compreensão.

Perceba que o verdadeiro significado da palavra "problema" é "ausência de Amor". Defina todos os seus "problemas" com a linguagem do Amor, permeie-os da energia amorosa da sua Alma, aquela que vai ao encontro das soluções.

E assim você intui o que deve fazer e como fazê-lo agora, neste instante eterno, porque o Amor é a sua motivação.

Medite sobre isso...

59

Esteja em paz e sem medo de confiar na sua intuição.

O grupo decidira que concentraria a atenção em construir a comunidade. Os desafios vieram, mas escolheram acreditar que estavam corretamente motivados. Velhas crenças se dissolveram. Sintonizados com os prazos eternos da Alma, decidiram olhar cada ocorrência com os olhos de quem vai aprender mais sobre a Vida eterna e abundante.

60

O mundo aguarda pela regência daqueles que já pacificaram o coração. Os diferentes dedos das suas mãos trabalham juntos e seguram firmemente os objetos que constroem o entendimento e a cooperação entre as nações.

O seu desafio, hoje, é fazer escolhas conscientes e conectadas com a totalidade maior. O seu presente não é determinado pelo passado quando você faz escolhas assim.

Você estaria pronta para abrir mão de todas as crenças que levam ao costume bárbaro da guerra? Pronta para encarnar a percepção de uma realidade na qual o Amor, a Justiça e a Paz nos dizem que somos uma mesma espécie e um Único Espírito?

Ao discernir que estamos no começo do fim de um tempo de discórdias, você lembrará que, às vezes, as coisas parecem ficar piores, antes que venham a melhorar. Quanto mais escura a noite, mais perto está a aurora.

Grandes seres nascem quando a escuridão está presente, mas a certeza da Luz é o que a próxima fase cíclica trará, natural e organicamente. E todos esses Grandes Seres, sem exceção, encarnaram a paz de Deus.

Você está sendo convidada a fazer o mesmo.

Medite sobre isso...

Esteja em paz e sem medo de abrir mão das velhas crenças.

135

*Q*uando a bagagem ficara perdida no aeroporto, foi o Anjo parceiro que chamou a sua atenção para a fita vermelha, amarrada à mala que não havia sido despachada. Avisou, também, sobre o caminhão na contramão, e, um dia, inspirou aquele toque leve no ombro do amigo que começara a dormir ao volante... São tantas e infinitas vezes, e só passam despercebidas para quem ainda não fez a parceria. Simples ações, proteção definitiva.

Sentir medo é a experiência menos importante que você veio ter aqui; só foi necessária enquanto você ainda não sabia da sua verdadeira filiação e podia se perder nos labirintos do mundo material.

Você veio para viver segundo a percepção do Amor, banhar-se nas suas vibrações, perceber o seu poder de atrair as melhores situações e eventos para a sua vida.

E, se você diz que não sabe como é viver assim, talvez esteja certa, principalmente se o "eu" que faz essa afirmação escolheu estar separado de todo o resto, ou insiste em continuar ignorando a sua verdadeira filiação.

Filha amada de Deus, dos "eus" que a compõem, apenas um é necessário: aquele no qual queremos encarnar e mostrar a você como é ver a Vida com os olhos do Amor.

Dê-nos a sua permissão, e vamos caminhar juntos numa parceria há muito esperada.

O caminho pode ser breve ou longo, mas a escolha será sempre sua.

Mas, se estiver aprendendo a ser quem você verdadeiramente é, isso será o bastante para quem quer servir ao Amor.

Medite sobre isso...

Esteja em paz e sem medo de fazer a parceria interior com o seu Anjo.

"Quem é você?" Um dia perguntaram ao velho sábio. Ele respondeu: "Por favor, continuem perguntando; quem sabe um dia eu vou saber?"

62

Seus pensamentos são criativos porque você participa da energia criativa do Grande Espírito. E o que quer que você pense passa a fazer parte da sua compreensão e descrição da realidade.

E o que é a realidade? Em que descrição da realidade você acredita? De que modo você usa o seu poder criativo espiritual para descrevê-la? Esse poder está a serviço do Amor?

O seu desafio é encontrar descrições da realidade que sejam inspiradas na essência do Amor de Deus, que a criou. É encontrar expressões que fluam diretamente da sua identidade que se sabe e se sente parte integral da divindade.

Você está sendo convidada a mudar o seu senso de identidade fragmentada e viver na unidade do Espírito que é a sua essência eterna.

Hoje, o seu despertar consciente e a unificação do seu senso de identidade com o Espírito de Deus são muito mais importantes do que encontrar descrições e compreensões do funcionamento do universo.

É a partir desse novo sentido de identidade, além da sua individualidade, que a sua percepção da realidade precisa fluir. Você já pode relaxar a sua individualidade na universalidade do Amor, que responde a todas as suas necessidades.

E não se assuste com a identidade que você pode ser.

Medite sobre isso...

Esteja em paz e sem medo de despertar para a sua verdadeira identidade.

𝒫ela janela do trem, passaram a estação, as cidades, o tempo no relógio. Passou a paixão sem inteligência e a turbulência que ela atraía. Mas tudo tinha sido divinamente providenciado, para que a jovem ultrapassasse os limites de um hábito — o de atrofiar no peito o verdadeiro Amor.

63

Esteja em paz e sem medo de transcender a turbulência.

Qualquer que seja o drama na sua vida, saiba que ele é momentâneo. Nada é permanente, a menos que você escolha "permanecer" com imagens e pensamentos do que passou congelados na sua consciência.

Ondas de emoção podem invadir o seu coração, trazendo vibrações do medo e levando-a a se deixar confundir por elas. Não se deixe confundir pelas ondas, nem mesmo pelo mar aberto.

Escolha uma estratégia que esteja além da luta da guerreira, que vai de encontro e se choca com a turbulência das ondas.

Escolha nadar como os peixes, ou fluir com as correntes de ar e flutuar sobre as ondas, como fazem os pássaros. Veja além da ilusão e aprenda conosco a caminhar sobre as águas das emoções turbulentas. A tormenta passará.

Aproxime-se dos Anjos que estão vindo ao seu encontro e sinta a presença espiritual daqueles que sustentam e nutrem o plano perfeito desenhado por Deus para você.

A influência de alguém que não sucumbe ao medo no corpo da humanidade é como uma nota harmoniosa que cria uma ressonância extraordinária com as outras notas. Estamos aqui para amplificá-las e para que a paz se derrame sobre todos — *Paz na Terra aos seres bem-amados.*

Medite sobre isso...

64

A paz reina em toda a Natureza. A paz é o destino de todas as nações, o rumo esperado para toda a humanidade. A paz que transcende a compreensão humana será experimentada por aqueles que decidiram amar ao próximo e a si mesmos como Deus os ama.

Podemos fazer muito mais por você e levá-la a perceber, com a mais clara das visões, as maravilhas que podem surgir quando trabalhamos em parceria.

E, quando essa parceria for consciente, você poderá desmantelar a programação subconsciente que a fez reagir com as estratégias da discórdia.

As sementes da guerra já deram frutos amargos a quem escolheu aprender pelos caminhos do medo. E muitos da sua espécie têm lucrado com as reações belicosas que aceitam expressar no dia-a-dia. Quanta malignidade temos transmutado por amor a você.

Se economia, comércio e comunicação ainda estão a serviço da guerra, a Paz aguarda para se manifestar. E como desmantelar os andaimes da violência se são feitas construções que dependem deles para ser erguidas?

Tudo começou quando você se sentiu separada, quando delimitou o seu território e escolheu servir a um deus pessoal. E foi então que você começou a sentir medo e a atacar e ferir a si mesma.

E, sem querer conscientemente, mas querendo inconscientemente, você se volta contra si mesma. Pois não é preciso se defender de nenhum inimigo lá fora. Há somente aquele que cada um nutre dentro si mesmo.

Você só precisa se defender da velha programação que as vibrações do medo instalaram na sua consciência ao longo dos milênios.

Entretanto, a equação é simples: somos uma única família de amigos e parceiros; o que fazemos a um fazemos a todos. Quando o Amor nasce no seu coração, você compreende tudo, e tem fim a ilusão.

Medite sobre isso...

Esteja em paz e sem medo de deixar o Amor transformar os seus medos.